LES DEUX PANTHÉONS,

OU

L'INAUGURATION DU THÉATRE

DU VAUDEVILLE,

Fragments en trois Actes, en vers, mêlés de Vaudevilles;

PAR M. DE PIIS.

Représentée pour la première fois, à l'ouverture du Théâtre du Vaudeville, rue de Chartres, au local ci-devant appellé Panthéon.

Le Français né malin, créa le Vaudeville,
Agréable, indiscret, qui conduit par le chant,
Vole de bouche en bouche et s'accroît en marchant,
La liberté française en ses vers se déploie;
Cet enfant de plaisir veut naître dans la joie.
          BOILEAU, *Art poétique.*

PRIX *trente sols.*

A PARIS,

SE TROUVE:

A la Salle du Théâtre du Vaudeville, rue de Chartres,
Et à l'Imprimerie de la rue des NONAINDIERES, n°. 31;

Janvier 1792.

A MONSIEUR BARRÉ,

Seul intéressé à l'entreprise du Théâtre du Vaudeville. (1)

VOUS m'avez demandé, mon cher ami, pour l'ouverture de votre Spectacle, une pièce d'inauguration dont le premier acte composé de scènes à tiroir, fit connaître *individuellement* et *sans exception*, tous les sujets qui le composent ; dont le second acte fut un mélange de contrastes gracieux et enjoués ; dont le troisième acte réunit à une critique générale, badine et *sans charge* du drame et de l'ariette de bravoure, l'éloge des Auteurs qui ont cultivé avec succès, le genre du Vaudeville, et dont l'ensemble fut néanmoins lié par une allégorie soutenue.

Tout le monde sait qu'on appelle *Panthéon*, l'enceinte où les Dieux de la fable sont réunis. On sait également que le local du théâtre du Vaudeville s'appellait ci-devant le *Panthéon* de la rue de Chartres. C'est d'après cette analogie de noms, que j'ai imaginé mon sujet, dont la moitié est en action au ciel, et l'autre moitié sur la terre. La variété des décorations se trouve par-là naturellement amenée. (Qu'elles jouent comme elles sont peintes, l'illusion doublera.)

J'ai dérogé, dans la distribution des rôles, à la sotte et vieille routine des *emplois*. Les genres de voix sont tous égaux aux oreilles du Vaudeville. Tel, s'il a du talent, chante aujourd'hui *Cassandre*, qui chantera demain *le Père Lejole* ; tel serait encore un joli *Colin*, si le masque d'*Arlequin* n'allait pas pour ce moment à sa figure, etc. Enfin je crois avoir placé tous les sujets du Théâtre du Vaudeville, dans un jour assez favorable pour faire appercevoir le talent de ceux-ci, les dispositions de ceux-là et la bonne volonté de tous.

Quant à moi, je n'ai pu, sans doute, me dispenser dans une pareille tâche, d'employer des couplets, uniquement de liaison, mais comme les autres sont sur des airs de MM. *Grétry, Dezèdes, Monsigni, Philidor, d'Alayrac, Martini, Chardini, Champein,* etc., etc., j'espère qu'ils ne seront point jugés trop sévèrement par les gens de lettres, sur-tout, s'ils sont débités comme M. *Rozières* les a enseignés, et s'ils sont accompagnés, comme M. *Chardini*, qui les a arrangés, desire qu'ils le soient.

Des détails, et un simple intérêt de curiosité, ont valu, dans tous les temps, un succès incroyable aux trois actes-fragments d'*Acajou*, c'est ici même genre, même plan.... Que n'est-ce aussi la plume de M. *Favart*?

Puissiez-vous, mon cher ami, au travers des sollicitudes de votre entreprise, retrouver par intervalle ces instans de loisir si nécessaires aux Muses, et venir les mettre à profit, pour le genre du Vaudeville, dans la retraite que des événemens particuliers ont rendue nécessaire à votre ami   D E   P I I S.

---

(1) Je répéterai ici, une fois pour toutes, ce que j'ai publié dans la plupart des Journaux : *que toute espèce d'entreprise, d'administration, de direction et de régie de spectacle, m'est et me sera toujours absolument étrangère, et que je n'ai jamais dû ni prétendu coopérer à l'établissement du Théâtre du Vaudeville, autrement que par mes ouvrages.*

PERSONNAGES.		ACTEURS.
Morphée.		M. Verpré.
La Nuit.		Mlle. Cécile.
Harpocrate ou le Silence.	Dieux.	
L'Amour.		Mlle. Férard.
Momus,		M. Benoît.
Le Temps.		M. Lecomte.
Higie ou la Santé.	Person- nages allégo- riques,	Mme. Chateauneuf.
Le Vaudeville.		Mlle. Fleury.
L'Ariette de bravoure.		Mme. Dablesville.
Le Drame.		M. Verpré.
Babet.		Mme. de Kermasson.
Agathe.	Amoureuses.	Mlle. Reine-Royer.
Isabelle.		Mlle. Mollière.
Colin.		M. Henri.
Dorval.	Amoureux.	M. Frédéric.
Léandre.		M. Muret.
Margot.		Mlle Barral.
Orphise.	Mères.	Mme. Raimond.
La Mère Saumon.		Mme. Bourgeois.
Le Père La Joie.		M. Félix.
D'Olban.	Pères.	M. Déchaume.
Cassandre.		M. Bourgeois.
Nicole.		Mlle. S. L. de St.-Lambert.
Lisette.	Soubrettes.	Mlle. Hélène.
Colombine.		Mlle. Clévecourt.
Arlequin.		M. Rosières, dit Laporte.
Nicodème.	Valets.	M. Chapelle.
La Fleur.		M. Langle.
Pierrot.		M. Léger.
Un Savoyard.		Mlle. Sophie Mercier.
Une Savoyarde.		Mme. Montlond.
Un Gascon.		M. Clerville.
Une Provençale.		Mme. Souque.
Un Abbé.		M. Renie.
Une Novice.		Mlle. Aimée.
Une Négresse.		Mlle. Bodin.
		Mdes. { Garnier, Dumay, Déchaume, Tilly, Regnault, Valabrègue.
Paysannes.		
		Mlles. { Quémin. Sophie Belmon. Métayer. Vérioux.
Petites Filles.		
		Mlle. { Victoire Garnier.
Deux petits Garçons,		M. { Doix, le cadet.
Un Maître d'école.		M. Doix, l'aîné.
Un Tabellion.		M. Vernai.
Un Paysan-Chantre.		M. Fournier.
Un Ménestrier de Village.		M. Julien.
Le petit Michel-Morin, Sonneur.		M. Regnier.
Un Geolier.		M. Saucède.
Un Batelier.		M. D'Acestat.
Un Virtuose.		
Soldats grecs et romains, suivants au Drame.		

LES DEUX PANTHÉONS,

ou

L'INAUGURATION DU THÉATRE

DU VAUDEVILLE.

ACTE PREMIER.

Le Théâtre représente la façade extérieure du Panthéon céleste, isolé au milieu d'un séjour censé aërien, qu'entourent des arbres et des nuages.

SCÈNE PREMIÈRE.

MORPHEE, LA NUIT, HARPOCRATE.

MORPHÉE, *sortant du Panthéon.*

J'AI pris enfin sur moi de rabattre leur verbe,
Chacun son tour. . . .

LA NUIT.

C'est un bien vieux dicton.

MORPHÉE.

Si la chanson a fait proverbe,
Le proverbe n'est pas chanson;

A

LES DEUX

Et si Morphée a cru devoir par suite
Donner aux Dieux une telle leçon,
Au Silence, à la Nuit, je veux sur ma conduite
Ne pas laisser le plus petit soupçon.

AIR : *Aussi-tôt que la lumière.*

Tous les Dieux, mes camarades,
Disaient en plein Panthéon,
Que j'étais des plus maussades,
Que je ronflais sans raison ;
Mais je ne crains plus qu'ils forment
Le plan de m'éloigner d'eux ;
Car j'ai si bien fait qu'ils dorment
Tous, comme des bienheureux.

LA NUIT.

Vous avez pour y parvenir,
Dû consommer beaucoup de somnifère;

MORPHÉE.

Oh ! mon dieu non ; je suis sincère,
A peine ai-je eu besoin de m'en servir.

AIR : *Dodo, l'enfant do.*

COMME j'allois à Jupiter
En préparer une pillule,
Junon, par des contes en l'air
A bercé cet époux crédule ;
Et je ne fus pas peu surpris,
De voir qu'au ciel, comme à Paris,
On est tout appris   } Bis avec la
Dans l'art d'endormir les maris. } NUIT.

AIR : *Accompagné de plusieurs autres.*

OR, à l'exemple de Junon,
Proserpine a bercé Pluton.

LA NUIT, *malignement.*

Vous avez bien là fait des vôtres !

MORPHÉE.

Non, chacune a bercé le sien,
Vénus seule a bercé Vulcain,
Accompagné de plusieurs autres.

LA NUIT.

Bon ; mais qu'avez-vous fait pour assoupir les femmes ?...

MORPHÉE.

Oh ! pour les femmes je convien
Qu'il m'a fallu du temps ; si vous saviez combien
J'ai pendant mon travail, remboursé d'épigrammes !

AIR : *Non, je ne ferai pas ce qu'on veut que je fasse.*

D'ABORD, pour endormir tour à tour les neuf Muses,
Il m'a fallu de suite employer bien des ruses ;
Elles bravoient toujours le suc de mes pavots,
Et n'ont cédé qu'aux vers des Opera nouveaux.

J'ai sur un lit de rose, en face de Minerve
Fait placer Adonis ; et malgré sa réserve,
J'ai vu que la sagesse abjurant ses grands air.,
A fini par rêver presque les yeux ouverts.

Et Thémis, qui juroit de ne pas faire un somme !
De mille bons ducats, j'ai fait sonner la somme ;
Voilà que la déesse au doux bruit de cet or,
Soupire, étend les mains, prend ma bourse et s'endort.

LA NUIT.

Si bien donc que les dieux endormis tour à tour....

MORPHÉE, *tristement.*

Exceptez-en ma chère, et Momus et l'Amour,
Qui, de ce Panthéon, s'échappant à la brune,
Sont, au sein de Paris, allés chercher fortune...
Comme à mes propres yeux mon art se fait sentir ;

(*Il baille et se frotte les yeux*).

S'ils revenoient, hélas ! songez à m'avertir.

A 2

AIR : *de M. Chardini*.

DÉESSE de la Nuit, et vous dieu du Silence,
Dans vos soins généreux j'ai mis ma confiance,
Veillez, veillez ensemble, ou du moins tour à tour,
Tout dort jusqu'au zéphir dans la céleste cour ;
Grace au calme des airs, vous entendrez d'avance
Les grelots que Momus autour de lui balance,
Et le frémissement des ailes de l'Amour.
Veillez, veillez ensemble, ou du moins tour à tour.

LA NUIT.

Nous veillerons ensemble, ou du moins tour à tour.

(Morphée pose la Nuit et le Silence en sentinelle à la porte du Panthéon, et rentre).

SCÈNE II.

LA NUIT, HARPOCRATE.

LA NUIT, *après un moment de faction.*

AIR : *Frère Jacques.*

HARPOCRATE !
Harpocrate !
Dormez-vous ?
De sa consigne ingrate
Mocquons-nous. } *Bis.*

AIR : *Pour héritage je n'eus de mes parens.*

En conscience,
C'est bien à tort qu'on dit
Que le Silence
Est ami de la Nuit.

Est-ce qu'il croit
Dans son humeur farouche,
Eternellement sur sa bouche
Garder-là son doigt?

(Elle va tirer le Silence par la manche, mais
il ne répond point).

D'être immobile
Je lui reproche en vain;
Quel imbécille!
J'aurais moins de chagrin,
Si dans ce jour
Au lieu d'un tel modèle,
Pour faire avec moi sentinelle
On m'eût mis .... l'Amour!

AIR : *de la Romance de Marmontel.*

Qu'avec Momus il revienne,
Cet enfant si doux, si beau!
Et ma consigne inhumaine,
Passera de mon cerveau.
Mais quelle clarté soudaine? ....
De l'Amour, on parle à peine
Que l'on en voit le flambeau......

SCÈNE III.

LA NUIT, HARPOCRATE, L'AMOUR ET MOMUS.

L'AMOUR, *son flambeau en avant,*

Fin du même air.

QUE l'on en voit le flambeau.....

LA NUIT.

Momus avec l'Amour! ...

A 3

LES DEUX

MOMUS.

Guerre ouverte à l'ennui !

L'AMOUR.

Nous nous doutons qu'ici Morphée en notre absence,
A mis plus que jamais les dieux sous sa puissance ;
Mais dans Momus et moi, tout l'Olympe aujourd'hui
Avait deux défenseurs qui s'occupoient de lui.

Même air que ci-dessus.

OR, pour qu'il se rh.bitue
A suivre not e d apeau,
Nous, nous avons fait recrue
D'un détachement nouveau.
Il va paraître à ta vue,
Nous en ferons la revue.

(*Montrant le Silence à qui il remet son flambeau*) :
Monsieur tiendra mon flambeau,

LA NUIT, MOMUS, *ironiquement.*

Monsieur tiendra son flambeau.

LA NUIT.

Peut-être qu'avec moi, tous deux vous voulez rire...
Auriez-vous pris des fous pour réveiller les dieux ?

MOMUS *gaiement, mais avec emphase.*

Si tu veux le savoir, je veux bien te le dire ;
Mais j'y dois mettre un ton mystérieux....
Quoique femme, un instant, tais-toi donc si tu peux,
Et de l'évènement je suis prêt à t'instruire.

AIR : *en quatre mots, je vais vous conter ça.*

Hier au soir, près du Palais royal,
Je trouve un groupe original
Qui semble aller au bal.
L'enfant qui marche à la tête,
Devant nous tout droit s'arrête

Et d'un ton loyal:

« Vous avez l'air, comme nous, carnaval;
» Si ça vous est égal,
» Par un zèle amical,
» Daignez du Panthéon jovial
» Nous montrer le local.

L'AMOUR.

Crac, je dis à Momus : c'est une bonne affaire...
A ces gens, égarés attendu qu'il fait noir,
Faisons tous deux prendre ce soir
Le Panthéon du ciel pour celui de la terre.

MOMUS.

Second couplet. *Même air que ci-dessus.*

Au Panthéon, suivez-moi mes enfans,
Leur dis-je, et presque en même-temps
J'en charge habilement
Une vaste mongolfière,
Qui s'élève toute fière
Jusqu'au firmament.
Plusieurs d'entr'eux au jour se regardants,
Veulent montrer les dents....
Messieurs, soyez prudents....
C'est Momus, dieu des plus mordants
Qui vous a mis dedans.

Troisième couplet.

Mais contre moi leur cœur n'a plus de fiel.
D'entrer au séjour éternel
Leur desir est réel ;
Voyez d'ici leur nacelle...
Comme nous, ils n'ont point d'aile,
Et le fait est tel
Qu'ils ne sauraient avec un corps mortel,
Aussi matériel
Que superficiel,
Prendre un soin trop essentiel,
Pour mettre pied au ciel.

Bis avec
l'Amour
et la Nuit.

A 4

LES DEUX

LA NUIT.

AIR : *de M. Chardini.*

Mais quel est, plus j'y pense,
Cet enfant sans souci
Qui les tient à distance
Pour venir seul ici ?

L'AMOUR.

C'est le petit Vaudeville
Qui les fait tous mouvoir.

MOMUS.

C'est ce petit Vaudeville
Qu'il nous faut recevoir.

L'AMOUR et MOMUS.

C'est ce petit Vaudeville
Qui fait tout notre espoir.

LA NUIT.

Encor, faut-il le voir?

L'AMOUR et MOMUS.

Ma foi vous l'allez voir.

SCÈNE IV.

Les Précédens, le VAUDEVILLE.

LE VAUDEVILLE *à la* cantonnade.

Second couplet. *Même air.*

Rangez-vous à la file;
Mais attendez un peu....
Il faut dans cet asyle
Prendre l'ordre d'un dieu.

C'est au petit Vaudeville
A l'aller recevoir,
Et le petit Vaudeville
Vous le fera savoir.

CHŒUR GÉNÉRAL *dans la coulisse.*

Que le petit Vaudeville
Nous le fasse savoir,
Nous le fasse savoir.

L'AMOUR *au Vaudeville.*

Troisième couplet. *Même air.*

Dis à tes amoureuses
Qu'on desire les voir.

LE VAUDEVILLE.

Elles sont bien peureuses!

L'AMOUR et MOMUS.

Jugeons de leur savoir,

LE VAUDEVILLE.

Ah! le petit Vaudeville
Ignore leur savoir;
Mais le petit Vaudeville
Les croit bonnes à voir.

L'AMOUR et MOMUS.

Oui, le petit Vaudeville
Vous croit bonnes à voir,
Vous croit bonnes à voir.

AGATHE, ISABELLE et BABET *dans la coulisse.*

Quoi? le petit Vaudeville
Nous croit bonnes à voir?
Nous croit bonnes à voir?

SCÈNE V.

Les Précédens et Précédentes, AGATHE, ISABELLE
et BABET.

ISABELLE.

AIR : *mon Père était pot.*

J'AI le cœur gai ....

AGATHE.

J'ai le cœur neuf.

BABET.

Et moi j'ai le cœur tendre,

Je crains maman ....

AGATHE.

J'ai peur de tout,

ISABELLE.

Moi, j'ai peur de Cassandre

BABET.

Moi, j'aime Colin ....

AGATHE.

Moi, j'aime Dorval,

ISABELLE.

Et moi, j'aime Léandre.

BABET.

Je n'ose céder ....

AGATHE.

Que puis-je accorder?

ISABELLE.

Moi, je voudrais me rendre.

AGATHE.

Simplicité, douceur, naïveté
Brillent, comme un jour pur dans le fond de mon âme;
Et mon timide organe en chemin arrêté,
S'accroîtroit, si mon cœur pouvoit être de flamme!

AIR : *jusques dans la moindre chose.*

Jusques dans la moindre chose
Je n'en soignerai pas moins,
Les rôles qu'on se propose
De confier à mes soins.
Quel bonheur, c'est quand j'y pense,
D'unir dans le même emploi,
La finesse à la décence,
L'amour à la bonne foi!

MOMUS.

Agathe, voulez-vous nous voir tous partager
Le sentiment si doux qui vous sied à merveille,
Prodiguez vos accents loin de les ménager;
Plus vous ouvrez la bouche et plus j'ouvre l'oreille.

AGATHE, *d'une manière plus prononcée:*

AIR : *de M. Chardini.*

On essaye une romance
Comme on risque un premier choix:
Au début, la défiance
Gagne le cœur et la voix;
Mais l'amour et l'indulgence
Venant à les émouvoir,
Si par la crainte on commence,
On peut finir par l'espoir.

L'AMOUR.

L'espoir est fait pour vous, mais il s'agit d'entendre
Cette autre demoiselle......

LES DEUX
MOMUS.

Amour fait son métier;
Je serois commé lui fort d'avis de les prendre
Toutes trois en particulier.

ISABELLE à *Agathe.*

AIR : *l'autre jour la petit' Isabelle.*

N' croyez pas qu' la petit' Zirzabelle
S' fass' comm' vous z'un ton précieux,
Une chanson badine t'elle?
Vous baissez sur le champ les yeux.
Ah! papa v'nez-vous-en ben vite
A mon secours, dit' vous z'en douceur,
Ah! pauv' petite, ah! pauv' petite
    Quelle pudeur!
L'équivoque est ce qui pique....
» Oui, la parade en use, et c'est le droit du jeu,
» Trop de sel seroit trop, mais z'il en faut un peu.
    Et je dis qu'un couplet joyeux
    Qui plait avec un sens comique,
    Plairait mieux s'il en avoit deux.

Second couplet.

De c' que je n' saurais me défendre....
    C't équivoque malicieux,
N' craignez pas pourtant qu' j' me laiss' prendre....
    A dire un mot licencieux....
Je n' veux pas qu'on m' cherche querelle,
Ni qu'on m'assimil' z'en propos
    A l'Izabelle, à l'Izabelle
        Des tréteaux.
De rire il est une manière....
» Je promets qu'à mon sexe avec soin ménagé,
» J'épargnerai toujours l'éventail obligé.
    C'est dit et même où nos aïeux
    N' mettoient qu'un gaz', encor bien claire!
    Pour le mieux, moi j'en mettrai deux.

Troisième couplet.

(*Elle contrefait la Tragédienne.*)

C' n'est pas tout, parfois je m' promène
Avec un poignard à la main;
Comme un' Princess' Grecq' z'ou Romaine
A p'tits pas j' fais beaucoup d' chemin.
Car qu'il vienn' z'une Tragédie,
Qu'il survienn' un bon Opera,
     La Parodie, la Parodie
        Reprendra.
A la parade elle s'accorde....

» D'ailleurs, je m'en rapporte à l'Amour que voilà;
» Il se connait z'en tout, mais sur-tout z'à cela.
     Malgré qu'il soit bon, dans ces lieux
     D'avoir à son arc une corde,
     Ça vaut mieux quand on en a deux.

M O M U S.

Voilà pourquoi j'aimerais Isabelle,
Sans oublier Agathe......

L' A M O U R, *à Babet.*

     A vous, à vous, ma belle.

Vous hésitez!....

B A B E T, *montrant souvent le Vaudeville à l'Amour.*

     Ce n'est pas sans raison,
S'énoncer la première eût été préférable;
Mais, n'est-ce pas? le zèle est toujours de saison.
S'il vous faut, comme à lui, pour être plus aimable,
Des prés, des bois, des fleurs, et sur-tout *du Gazon,*
Vous devez à Babet vous montrer favorable.

     A I R : *la chanson que chantait Lizette.*

     Je laisse donc mademoiselle
     Soupirer ses airs languissants;
     Je laisse la folle Isabelle
     Parcourir ses airs sautillants.

LES DEUX

C'est dans les champs, sous la coudrette
Que je vais chercher mes accents,
Et je préfère à l'ariette
La chanson, la chanson que chantait Lizette.

Second couplet.

Une flamme douce et secrette
Agite-t-elle tous mes sens?
D'une jalousie inquiette
Connais-je les soupçons pressans?
Je fais la tendre et la coquette;
Mais pour peindre ces sentimens,
Devinez la chanson qui prête....
La chanson, la chanson que chantait Lizette.

Troisième couplet.

(Avec effusion de cœur.)

Ah! des musettes, la première
Fut composée au fond des bois,
Lorsque la première bergère
Aima pour la première fois.
Depuis ce temps, c'est la musette
Qui sur les cœurs a plus de droits;
Et par écho, chacun répète
La chanson, la chanson que chantait Lizette.

(Agathe et Isabelle reprennent le refrein.)

L'AMOUR au Vaudeville.

AIR : *Babet que t'es gentille !*

De célébrer Babet
D'honneur mon cœur pétille,

LE VAUDEVILLE.

Que n'as-tu le secret
Qu'on a dans ma famille?
Lorsque l'on connait
Un bon vieux couplet,

Où naïveté brille,
On en conserve l'air qui plaît,
On en prend le refrein tout fait,
Et l'on dit d'un ton satisfait,
Babet que t'es gentille!

TOUT LE MONDE.

Babet que t'es gentille!

LE VAUDEVILLE.

AIR : *Jardinier ne vois tu pas.*

Le *trio* des amoureux
N'est pas-là dans son centre....
Il serait bien curieux

L'AMOUR.

De s'introduire en ces lieux....
Qu'il entre, qu'il entre,

MOMUS, LE VAUDEVILLE et L'AMOUR.

Qu'il entre.

SCÈNE VI.

Les Précédens et Précédentes. DORVAL,
LÉANDRE et COLIN.

MOMUS, *arrêtant les trois amoureux qui se*
précipitent vers leurs maîtresses.

UN petit moment, s'il vous plaît.....
(On ne doutera point que vous soyez fideles)
Mais nous voulons savoir quel degré d'intérêt
Vous pouvez tous les trois inspirer à vos belles ;
Et quand l'examen sera fait,
Vous passerez tout de suite auprès d'elles.

DORVAL.

AIR : *je suis Lindor* (de M. Paësiello.)

Je suis Dorval, ma flamme est peu commune ;
Je suis constant sous un dehors léger,
Et l'espoir seul de la voir partager,
Fait que j'attache un prix à ma fortune.

AIR : *je suis Lindor* (de M. Dezaydes.)

La voix souvent cherche trop à paraître,
On presque seul le sentiment suffit,
C'est à l'orgueil souvent qu'elle obéit,
Et c'est le goût qui doit être son maitre.

AIR : *je suis Lindor* (de M. Paësiello.)

Lions-nous tous d'une amitié bien tendre,
Rivaux d'emploi, mais unis par devoir,
Que nous aurons de plaisir à nous voir   } *Bis* avec Colin
Si l'assemblée en trouve à nous entendre!   } et Léandre.

L'AMOUR.

L'AMOUR.

Vous vous nommez Dorval ; en général,
Qu'on se nomme au Théâtre, ou Fieval, ou Linval,
Les noms, monsieur, ne font rien à l'affaire.
Pourtant, quand vous serez de retour sur la terre,
Tâchez qu'on vous nomme *Clairval* ;
Et vous serez encor bien plus certain de plaire.

MOMUS, *examinant Léandre, dont le gilet et
les culottes sont très-serrés.*

L'habillement de ce garçon,
Pour le geste et la voix me semble peu commode.

LÉANDRE, *étouffant.*

Oh ! je suis .... bien serré . . . . mais je suis à la mode.

MOMUS

Il a l'air tant soit peu bouffon.

ISABELLE, *sans quitter sa place et comme
pour excuser son amant.*

C'est mon compagnon de parade ....
Pour toute nourriture il est aux quolibets ....
Et ne parlant que par charade,
Il ne chante que par hoquets. ...

LÉANDRE, *pinçant de la guittare avec
des gestes affectés.*

AIR : *vous qui d'amoureuse avanture.*

On saura comment je m'appelle
Lorsque j'aurai dit sans détour,
Que pour la charmante Isabelle
Mon cœur soupire nuit et jour.
Le jour, le jour
Son image en tous lieux m'accompagne :
La nuit, quand je m'abandonne au sommeil,
Je fais des châteaux en Espagne,
Qui sont de Flandre à mon réveil.

B

Mais ne croyez pas que Léandre
Se borne à faire les beaux bras ;
Il sait qu'à la voix la plus tendre
Un bon instrument ne nuit pas,
Et peut tirer de sa guittare complaisante,
Matin et soir un son plus ou moins séducteur.
En crescendo pour une amante, }
Con sordini pour un tuteur, } *Bis* à part.

L'AMOUR à *Colin.*

A vous, mon bon ami....

COLIN.

Cet appel favorable
Rassure un peu mon cœur tremblant ;
(à *Momus, et autres*).
Mais pour rendre, messieurs, mon courage durable,
Laissez-moi regarder Babet en vous parlant.

AIR : *si des galants de la ville.*

Je n'ai des galants de ville,
Ni les airs ni les discours ;
Habit simple et chant facile
Peignent bien mieux mes amours.

CHŒUR GÉNÉRAL.

Il n'a des galants de ville, etc.

COLIN.

En bijoux comme en dentelle
Dorval brille tous les jours ;
Ma gloire est d'être fidèle,
Des rubans sont mes atours.

Je n'ai
des galants de ville, etc. } *Bis* en chœur.
Il n'a

COLIN.

Léandre sait à merveille
Broder un air séducteur;
Mais nature me conseille
D'oublier l'art du chanteur,
Et d'amuser moins l'oreille
Pour aller plus vite au cœur.

CHŒUR GÉNÉRAL.

Je nai
                des galants de ville, etc.
Il n'a

L' AMOUR.

Soyez toujours berger, c'est là votre destin :
Et parmi les héros ne briguez point de place.
Tel qui sût manier la houlette avec grace,
A soutenir un sabre a pu faire sa main ;
Mais le défaut de la cuirasse,
Laisse toujours percer les charmes du Colin.

(*au Vaudeville*).

D'ailleurs, à vos enfans, le grand genre est funeste ;
Une fois que l'habit Romain les éblouit,
Leur voix fatigue, un casque épais leur reste,
Et leur gaîté s'évanouit.

BABET.

Je jure, avec le Vaudeville,
D'empêcher à jamais Colin de s'engager
Dans cette milice inutile.

COLIN.

Et moi, pour te répondre, en conservant ton style ;
Je jure, avec l'Amour, de ne jamais changer.

MOMUS *à l'Amour.*

Mais, à propos ; de faire entrer les mères,
Je présume qu'il seroit temps.
Il pourroit à l'esprit leur venir des chimères,
Sur votre intelligence avec ces jeunes gens.

L'AMOUR, *à la cantonnade.*

Venez . . . . .

S C È N E   V I I.

Les Précédens. ORPHISE, MARGOT,
la Mère SAUMON.

La Mère SAUMON.

Quoi quignia donc de si mystérieux
Dans c'grand salon du Panthéon céleste,
Pour nous faire escroquer l'marmot une heure et l'reste,
Les nuages au bec et l'zétoil' dans les yeux ?

MOMUS.

Paix, Madame Saumon, un peu de savoir vivre;
Laissez parler cette Dame avant vous.
               (*lui montrant le silence.*)
Voilà, Monsieur, (soit dit sans vous mettre en couroux),
Qui vous fournit un bon exemple à suivre.

La Mère SAUMON.

Oh ben oui, v'la t'encor un model' ben r'calé;
Avec du fil, autant qui s'couse la bouche :
S'il est vot' surveillant, c'est de l'argent volé,
Dans la chambr' d'un malade autant vaut'i qu'il couche.

L'AMOUR.

La mère, un seul instant.

La Mère SAUMON.

         T'as raison toi, mon p'tit,
J't'obéirai, par'c'que j'aim' ben ta meine;
             (*elle montre Momus.*)
Mais pour c'monsieu gognard, dont le bonnet maudit
Trimball' un carillon pir'qu' la Samaritaine;
N'est-c' pas qu'çi li va ben d'crier qu'on l'étourdit ?
Attrap' Champagne, et v'la comme j' les mène.
J'ous promis qu'je m'tairois, v'la qu'j'y viens, v'la
                qu'j'ai dit.

ORPHISE.

AIR : *sans changer rien vôtre état.*

N'est pas bonne mère qui veut ;
Mais quand on est sûre de l'être
A plus forte raison l'on peut
Sur un théâtre le paraître.
Ce rôle a toujours réussi
Par l'émotion qu'il procure,
S'il n'est que secondaire ici,
C'est le premier dans la nature.   *Bis.*

MARGOT.

AIR : *la chose vaut mieux que le mot.*

J' conçois que c'te dam comme il faut,
S' fasse honneur du doux nom de mère,
    Je n' sis qu' Margot,
    Et de mon lot
Quant à c' qu'est d' ça, j' sommes z'aussi fière,
Si Pierrot, Thérèze et Jacquot,
Pour v'nir m'embrasser n' font tous trois qu'un saut,
Avec qu'eu plaisir j' les laisse faire !...
    La chose vaut mieux que le mot.

AIR : *De M. de Blois.*

De la vieille Bobi,   (en se courbant).
S'il faut prendre aussi
    La caricature;
Je sais faire à la fois
Chanceler ma tête et trembler ma voix...
    Je parviens à rider,
    Sans m'intimider,
    Toute ma figure;
    A l'aide d'un bâton,
Je m'courbe, et mon nez rejoint mon menton.

    Je m'mets à sermonner,
    A morigiuer ,
    Tout' la folle jeunesse;

B 3

Leur criant qu'nos aïeux
Ont fait beaucoup mieux
Que c'qu'on voit sous nos yeux.
Et pour donner du poids,
D'vant ces jeun' minois,
A mes l'çons d'sagessè,
J'emprunte soixante ans;
Mais j'dis en même-temps,
C'nest pour queuqu' z'instants.

AIR : *y suffit qu'ça vous plaise.*

Puis comme à l'ordinaire,   (*en se redressant*),
Soudain me redressant,
Je r'prends ma voix légère,
Et je jette ma canne au vent,
Disant :
A tout chaland,
Passant ;
De Margot la Meûnière,
Voilà le moulin qui reprend :
Quiconque y voudra moudre son froment,
Peut l'y moudre au comptant,
Vraiment,
Tout comme ci-devant.

La Mère SAUMON.

Quand all' z'auront tout dit, n'auront plus rien à dire ;
V'là mon tour, qu'ieu merci.
(*en regardant Momus.*)
Quoiqu'il l'fait encor rire ?
Ces dam' sont mèr', v'là qu'est fort bien ;
Mais j'sis mère aussi, je l'soutien.

MOMUS.

La parole, en ce cas, doit vous être accordée.

La Mère SAUMON.

La parole, il est bon ; va, va sans toi, j'la tiens ;
D'ailleurs à t'la couper j'étois ben décidée.

AIR : *t'nez monsieur d'Orléans.*

Quenqu'fois au geur poissard,
S'i faut qu'on z'ait égard;
J'vous déclarons d'abord
Qu'c'est là mon fort;
J'ons toujours iot' bonnet jetté
Z'un tant soit peu sur le côté.
Si quenqu' voisin, hors de saison,
Vient m'chercher quenqu' mauvais'raison;
J'ly fais un'pair d'yeux, et me vlà
En garde avec ce geste là. *(en menaçant du poing).*
  Dès p'tits maîtres manqués,
  Et des abbés musqués,
Je gouaye au mieux les travers,
    Et les airs.
D'mon éventair devant moi,
J'sais faire un bon emploi,
    Et j'baille l'tour,
    Tour à tour
    Aux bouquets
Que j'vends par paquets.
    Le babil
    Subtil?
    Vous plait-il?
Je laisse alors tout aussi-tôt
Ma langue aller le grand galot,
Nul avec moi n' fait assaut.
Bref, tout'fois qu'il s'agit d'Vadé,
Sans contredit c'est à moi l'dé.
Pour ben dégoiser ses chansons
J'ons les manièr'z et les façons,
Et j'prends un timbre de voix cassé
Comm'si l'rogome y avoit passé.

Je m'tais encor; oui, c'est un parti pris;
Faut aux autres baillai la place;

B 4

Pr'êt' ben qu' ces dam' z'attendent leux maris,
Y' voulioat ben passer quand et quand moi,... j'te passe.

M O M U S.

Avancez, s'il vous plaît; mais quel coup-d'œil jaloux?....

S C E N E   V I I I.

Les Précédens. le Chevalier D O L B A N,
et le Père L A J O I E.

M O M U S.

M E S chers amis, seriez-vous en querelle ?

Le Père L A J O I E.

Non, non, c'est une bagatelle,
Qui ne regarde absolument que nous.

D O L B A N.

AIR : *que le Sultan Saladin.*

La basse taille est mon fort,

Le Père L A J O I E.

J'en suis volontiers d'accord;
Mais dis moi mon camarade,
Ne peux tu tomber malade?

D O L B A N.

Je me porte toujours bien,

Le Père L A J O I E.

Très-bien, fort bien,

ENSEMBLE, *à part, et avec un étonnement
respectif de la qualité de leur voix.*

Le sol ne lui coûte rien,

ENSEMBLE, *en se rapprochant.*

Vas, chantons, toi les airs à boire,
Et moi la gloire. *Bis.*
Vas, chantons, moi les airs à boire,
Et toi la gloire.

SCENE IX.

Les Précédents, et CASSANDRE.

AIR : *Pucelle avec un cœur franc.*

A vos lyriques exploits
Souffrez que je mêle ma voix;
Tout me dit ici que je dois
Du chant suivre les mêmes loix,
Le père noble est monsieur, je le vois,
Vous êtes, vous, le père Villageois,
Je suis le père Bourgeois.
L'emploi de père est bien doux quelquefois,
Cet emploi-là vaut les autres emplois,
Allons, accordons nos droits
Tous les trois. } *Bis Ensemble.*

MOMUS, *surpris d'entendre une
basse-taille à Cassandre.*

AIR : *De la parole.*

Je lui trouve un ton résolu.

CASSANDRE.

Ma voix vous paraît un peu forte;
Mais ce que l'on n'a jamais vu
Se voit tous les jours, et qu'importe?
Cassandre est vieux, mais il prétend
Recouvrer des droits qu'on lui rogne.
On peut après tout en chantant

Faire bien du bruit, et pourtant
Ne pas faire autant de besogne.

SCENE X.

Les Précédents, LISETTE, COLOMBINE
et NICOLE.

COLOMBINE, *criant de la coulisse.*

Monsieur Cassandre! ....

CASSANDRE.

Eh bien, je crois qu'on se dispose ...

COLOMBINE.

Vous ne pouvez pas trop grand chose ;
Mais vous pouvez, peut-être, obtenir notre accès,

L'AMOUR.

Il vous faut sur le champ répondre à leur attente,

LISETTE à *l'Amour.*

Puisqu'il fait jour, pour nous, je serai bien contente,
De savoir de monsieur si ses ordres sont prêts.

COLOMBINE à *l'Amour.*

Moi, je suis toute à vous ....

NICOLE.

Moi j'suis b'en vot' servante.

L'AMOUR à *Lisette.*

Aux deux autres.

Chantez d'abord .... Vous chanterez après.

LISETTE.

AIR : *vive les Fillettes.*

Oui je suis soubrette,
Mais j'entre en maison ;
Jugez donc Lisette
Sans comparaison.
J'ai d'une grisette
Le maintien prudent,
Ou d'une coquette
Le propos galant.
Laissez la soubrette
Entrer en maison ;
Et jugez Lisette
Sans comparaison.
Aujourd'hui Finette,
Et demain Marton,
Changeant de toilette,
Je change de ton . . .
Laissez la soubrette, etc.
Si de vos suffrages
J'obtenais le prix,
Je mettrais mes gages
Après mes profits.
Laissez la soubrette
Entrer en maison,
Et jugez Lisette
Sans comparaison.

Bis en chœur.

COLOMBINE.

Colombine, dans son emploi,
Partage de Lisette et le zèle et l'effroi.

AIR : *de Calpigy.*

Mettre en poche des mains discrettes,
Comme la plupart des soubrettes,
Pour ne jamais les en sortir ;
Ah ! c'est facile à retenir. *Bis.*

Mais de certaines colombines,
Saisir le coup-d'œil et les mines,
Chanter comme elles à ravir,
    C'est difficile à retenir.   *Bis.*

Cassandre, qui toujours querelle,
M'enjoint d'enfermer Isabelle ;
Mais le moyen d'y parvenir,
    C'est difficile à retenir.   *Bis.*
Pour peu qu'elle ouvre sa fenêtre,
Léandre que je vois paraître,
Vient d'un cadeau me prévenir ;
    Ah ! c'est facile à retenir.   *Bis.*

Lorque Pierrot me dit qu'il m'aime,
Et qu'il veut être aimé de même,
Ces propos la me font plaisir ;
    Ah ! c'est facile à retenir.   *Bis*
Mais un Pierrot est si volage,
Une fois parti, bon voyage,
On ne le voit plus revenir ;
    C'est difficile à retenir.   *Bis.*

COLOMBINE *poussant Nicole.*

Eh bien, Nicole, c'est à toi….

NICOLE, *comptant si c'est à elle à chanter.*

J'vous écoutais, ma fi, moi, j'suis de bonne foi.
Attendez que je compte encor d'peur de méprise ;
    Un, deux et trois, oui, à c'est à moi,
Comm' j'men doutais quasi, j'nen suis pas tant surprise.

    AIR : *ça n'devoit pas finir comme ça.*

J'sentais qu'ça devait finir par-là,
Pisque ça commençait comm'ça.

C'est sur ma min' ronde qu'on m'en rôle ;
Mais par ma fi, j'crois qu'on m'engeôle,
Car en honneur je n'savons rien,
Rien du tout, c'qui s'appelle rien,

Attendez, attendez, j'sais pourtant
    Que j'sis folle
Et que je m'nomme Nicole.
Au lieu d'finir par convenir d'ça,
P'têt' fallait y commencer par-là.

J'ai l'himeur égal, mais frivole,
J'm'amuz' d'un' paille, d'un' mouche qui vole.
C'te gaieté-là fait mon soutien,
Aussi j'dis que j'me porte bien
Je n'sais pas en tâtant Nicole
    Si c'est être folle;
Mais j'tâcherons qu'ça s'maintienn' comme ça
Pisque ça commencé par-là.

Faire rir' en riant, c'est une affaire!...
En jouant la Nicol de Molière
Eun' fameuse Actrice y parvient.
Ah! parbleu, vlati pas que j'tien
Le moyen d'être toujours drôle,
Tout l'long du même rôle,
C'est d'commencer comme c'te Nicole-là,
Et d'finir comme c'te Nicole-là (1).

L'AMOUR.

Ah ça, mesdames les soubrettes,
Vous n'êtes pas je crois sans amourettes?

NICOLE.

Oh nenni, dà, j'ons tretout' des galants.

LISETTE.

Holà, qu'on fasse entrer nos gens.

_____

(1) Ce rôle est rendu, aux Français, par Madame Belcourt.

SCENE XI.

Les Précédents, et LA FLEUR.

LA FLEUR.

J'AI perdu mes deux camarades,
C'est bien dommage, ils étoient gais ;
     Mais de la route fatigués,
Peut-être dans un coin, sont-ils tombés malades?
Mais pour moi, sous l'habit des laquais distingués,

    AIR : *t'es dans tes atours.*

    Avec le projet
     De plaire,   *Bis.*
Je ferai le bon valet
     J'espère.   *Bis.*
Car, ne croyez pas qu'ici je rougisse
     D'être novice
     Au service.
Je dis que je réussirai
     Peut-être,
Si le sort me fait à mon gré
     Paraître
     D'un Pasquin
     Coquin,
     Tel a l'œil traître,
     Qu'n'a pas l'air
     Fier
     D'un valet-maître ;
Bref, sur cent qu'on peut connaître,
N'est pas la Fleur qui croit l'être.

L'AMOUR.

Vous cherchiez deux amis ; les voilà sûrement.

MOMUS.

Arrivez donc, messieurs, on vous attend.

SCENE XII.

Les Précédents, PIERROT et NICODÈME.

PIERROT.

A forc' de regarder sur terre,
La têt' m'avoit tourné vraiment.

NICODÈME.

Moi, je prenais tranquillement
Un peu d'air en plein atmosphère.

PIERROT.

AIR : *Colinette au bois s'en alla.*

A la parfin, v'la qu'j'arrivons,

NICODÈME.

Comme on dit aux derniers les bons :
A l'air dont je saluons
On d'vin' l'emploi qu'nous jouons,
J'ons les ch'veux et les bras pendants.

PIERROT.

Quand je rions, j'montrons ben les dents,
Oh d'ça, j'sommes ben nigauds,

NICODÈME.

Ben neufs et ben lourdaux,

PIERROT.

Je jou' les Gill' z'et les Pierrots,

NICODÈME.

Les Dodinets et les Jeannots,
Et même aussi les Nicodème.

LES DEUX

PIERROT.

» Que j'frons donc d'farc' et de mascarades!

NICODÈME.

» Que j'srons cocass' sans contredit!

PIERROT.

» Combien t'est-ce que j'frons d'parades!

NICODÈME.

» Combien j'dirons d'bétis' d'esprit!

ENSEMBLE.

Gnia' pas d'mal à ça
Quand on l's'aime,
Gnia' pas d'mal à ça.

LE VAUDEVILLE à l'Amour et à Momus.

AIR : *Vaudeville de la Négresse.*

Si vous croyez que ce soit tout,
Vous êtes bien loin de compte,
Vous n'êtes vraiment pas au bout;
Devinez quel trio monte
Négresse folâtre, abbé pimpant,
Novice bien sincère,
Du blanc au noir, du noir au blanc,
Mes sujets passent pour vous plaire.

SCÈNE XIII.

SCÈNE XIII.

Les Précédents, une NÉGRESSE, un ABBÉ,
et une NOVICE.

LA NÉGRESSE.

Moi, timide beaucoup dans ce séjour nouveau,

MOMUS.

Cela ne paraît pas trop sur votre visage ;

L'AMOUR.

Que ferez-vous parmi ce blanc troupeau ?

LA NÉGRESSE *montrant le Vaudeville.*

Pour chanter airs jolis, crois bien que lui m'engage.

AIR : *viens dans mes bras mon aimable Créole.*

> Danse et chansons servir à nous d'usages,
> Comme plaisirs nous tenir lieu de mœurs,
> Ah! ah! quels doux usages!
> Si couleur noire être sur nos visages,
> Couleur de rose être au fond de nos cœurs.

> Gaîté chez nous n'être point de commande,
> La kalendar animer tous nos sens ;
> Ris, jeux, point de commande ;
> Dans nos climats si régner chaleur grande,
> Chaleur plus grande enflamer nos accents.

L'AMOUR *malignement.*

Danser, chanter, ce n'est pas tout, je gage ?

LA NÉGRESSE à *l'Amour.*

Oh non, nous bien aimer si nous l'être au niveau,
Et quand vous bientôt voir ma petite Isabeau,
Vous pouvoir juger mon zèle en voyant mon ouvrage.

C

L'AMOUR.

Et vous, mon cher Abbé, par quel heureux hasard,
Aux jeux du Vaudeville osez-vous prendre part?

L'ABBÉ, *montrant Momus.*

AIR : *j'ai perdu mon âne.*

Z'ai perdu ma prébende,   *Bis.*
Monsieur tout bas d'un ton formel.
Ma zuré qu'on allait au ciel,
Et z'ai suivi la bande.   *Bis.*

MOMUS *lui montrant le Vaudeville.*

Jurez de vous unir à ses amis fidèles.

L'ABBÉ.

Ze zure qu'avec lui ze prétends demeurer,
Ze zure et de bon cœur de courtiser ces belles;
Z'espère après cela s'il survient des querelles,
Que l'on ne dira pas que j'ai peine à zurer.

MOMUS *à la Novice, voilée de blanc.*

Et vous, discrette enfant, quelles sont vos allarmes?
Avancez librement, c'est à vous de parler;
Mais d'un triste bandeau ne cachez plus.... vos charmes,
Les Grâces dans le ciel doivent se dévoiler.

(*Il lève son voile.*)

LA NOVICE *au Vaudeville.*

AIR : *jeune et novice encore.*

Jeune et novice encore,
Vers vous de bonne foi
Je viens, quoique j'ignore
Si j'aurai de l'emploi.

LE VAUDEVILLE, *la renvoyant à l'Amour.*

Je vous rendrai service;
Mais ma petite, pour
Cesser d'être novice
On s'adresse à l'Amour.

LA NOVICE *humblement à l'Amour.*

Que l'Amour me bénisse
Et m'apprenne à chanter.

L'AMOUR,

Croyez-vous que je puisse
Déja vous écouter ?

(*Montrant le Vaudeville.*)

Lui seul avec malice
Vous fera répéter,
Tout le nouvel office
Qu'il vous faut réciter.

LA NOVICE *au milieu de la scène.*

A l'Amour.

A vos avis intimes,

Au Vaudeville.

Je joindrai vos leçons ;

A l'Amour.

Je suivrai vos maximes,

Au Vaudeville.

Je dirai vos chansons ;
Mais si mon innocence
Appelle la douceur,
Donnez force indulgence
A la petite sœur.

(*Elle fait une grande révérence avec ingénuité.*)

SCÈNE XIV.

Les Précédents, ORPHISETTE, ISABEAU
SAUMONETTE, THÉRÈZE et JACQUOT.

L'AMOUR.

Mais quels personnages nouveaux
S'empressent vers cette demeure?

MOMUS.

Des enfants, qui depuis une heure,
Font plus de bruit qu'ils ne sont gros.

ORPHISETTE.

AIR : *c'est un enfant.*

Mais en honneur, c'est incroyable,
On ne nous dirait pas d'entrer;
Je crois pourtant qu'on est capable
Et de plaire et de figurer;
     Mesdames par grace,
     Pour que chacun passe,
Serrez tant soit peu moins les rangs,
     Place aux enfants.

Les enfants, ensemble.

Place aux enfans.

ORPHISETTE *à Orphise, sa Mère.*

AIR : *pauvre Jacques.*

Ah! ma mère, combien j'avais d'effroi,
D'être demeurée en arrière,
Mais à présent que je suis près de toi,
Je ne songe plus à la terre,

ISABEAU à la Négresse, sa Mère.

Toi sans époux, moi sans père aujourd'hui ;
Mais tous deux braver la tristesse,
Si toi seule être à présent mon appui,
Moi l'être à toi dans la vieillesse.

ENSEMBLE.

Ah ! ma mère, etc.

ORPHISETTE à sa Mère.

Ah, qu'un bombon me dédommageroit
De la fatigue du voyage.

Saumonette, Isabeau, Thérèse et Jacquet.

Pour nous baiser, baisse toi tout à fait,
Vla l'seul bombon qui nous soulage.

ENSEMBLE.

Ah! ma mère, etc.

LE VAUDEVILLE entendant la ritournelle de l'air de la Provençale.

AIR : voilà mon Cousin, l'allure.

Le moyen qu'à ce bruit mes amis,
Mes pieds en place tiennent ?

A Momus et à l'Amour.

Ce sont, comme je vous l'ai promis,
Nos bons, nos vrais, nos fidèles amis

A tout le monde.

Pour que mes refreins reprennent
Mes amis,
Tous les pays gais se tiennent.

SCÈNE XV.

Les Précédents, une PROVENÇALE, un GASCON,
une SAVOYARDE et un SAVOYARD.

LA PROVENÇALE.

AIR : *et gai, gai, gai mon Officier.*

ET gai, gai, gai dans ces momens,
Grivoise
Marseilloise,
Vient, gai, gai, gai dans ces moments,
Se mêler à vos chants.
Pour marquer la cadence,
Momus un beau matin,
A fait dans la Provence
Le premier tambourin.
Et gai, gai, gai, etc.

Cansounetto vulgairè
Chez nous à mille appas;
Pour le drame peccaïré!
On ne li connait pas.
Et gai, gai, gai, etc.

Les sots blâment sans cesse
Notre grasseyement,
L'accent de l'allégresse
Le tourne en agrément.
Et gai, gai, gai, etc.

LE GASCON.

AIR : *Jean de la Réole, mon ami.*

Eh donc jé suis
De bostre avis;

Soyons unis,
Ma chère dame,
Pour protéger en tous pays
Le vaudeville et l'épigrame.
Sauté marquis !
Ah ! cadédis !
S'il faut que jé trouvé le drame,
Par moi, sandis,
Et mes amis,
Il séra mis
A rémotis.

LA SAVOYARDE.

AIR : *eh ! çouci couça.*

Chambéry m'a vu naitro,
Et je couro près ce p'tit dieu là,
Pour me fairo connaitro,
Dessus c'tinstrument là,
Eh couci couça, j'jou' c't'air là,
Et d'aut' z'airs comm'celui là.

Sitôt q' ma voix s'arrêto,
Crac, mon poignet va deça, delà ;
Et d'un p'tit coup de tête
J'accompagne cela ;
Eh couci couça : c'est c't'air là
Qui prête à ces mines là.

(*Souriant à Momus, qui lui marque la mesure
avec sa marotte.*)

Mais j'sens une joie nouvello,
Quand j'vois qu' Momus veut bien à propos
Marier, au son de ma viello,
Le bruit de ses grelots.
Eh couci couça : c'est c' t'air là
Qui mé vaut cet honneur là.

C 4

LE SAVOYARD, *une marmotte sur son dos,*
                    et un triangle en main.

AIR : *diga d'Janetto.*

V'là ma compagna,
Cousine à moi,
Qui, de bonne foi,
Drès la montagna,
M'avi baillé sa foi ;
Mais tiens, Javotta,
Je n'crayais pas, d'honneur,
Que c'te marmotta
S'rait si sotta
Que dé dormi d'si bon cœur.

Moi, tout plein d' morgo,
Jamais n' ramona
La chemina ;
Moi point jouer d' l'orgo,
Courir la campagna,
Sous les coudretto,
Avec Javotta ;
Aimer mieux dânsar castagnetto,
En mangeant castagna,

Quand ma compagna,
Demando, qu'en tapant sur ce fer,
Je l'accompagna
Dans son petit air.
Tant que c'tair duro,
Je l' marque, en honneur,
Par una
Mesura ;
Plus soutra
Qui toq' là dans mon cœur.

                    (*Il porte la main sur son cœur.*)

SCÈNE XVI.

Les Précédent et ARLEQUIN.

LA NUIT.

Mais quelle mine originale?

PIERROT.

Eh mais, pardié c'est Arlequin;

NICODÈME.

Tiens, je l'croyais en l'air mangé par queuq' requin,

PIERROT.

Bah! j'étions nez à nez tous deux à fond de cale.

ARLEQUIN.

AIR : *menuet de Carlin.*

C'est le premier pas
Qui, seul, coûte dans tous les états;
C'est le premier pas
Qui, seul, cause mon embarras.

> (*Les femmes se mettent à rire
> de sa gaucherie apparente.*)

La peur retient mes bras :
Minois plein d'appas,
Vous ne devez pas
En rire aux éclats.

C'est le premier pas
Qui, seul, coûte dans tous les états;
C'est le premier pas
Qui fait aussi votre embarras.

(Il gratte par terre avec sa batte , et souffle avec son chapeau , comme pour trouver les pas de quelqu'un.)

CHŒUR GÉNÉRAL.

Mais quand tu grateras,
Quand tu soufleras ,
Quel trésor , hélas!
Cherches-tu si bas ?

ARLEQUIN.

C'est le premier pas
Qu'a fait Carlin dans un pareil cas ;
Je veux, pas à pas ,
Suivre la trace de ses pas.

AIR : *du menuet d'Exaudet.*

Ce Carlin ,
Tant malin ,
Eût pour maitre
Un de ses prédécesseurs, (1)
Et de ses successeurs ;
Il a su long-temps l'être ;
Il n'est plus ,
J'en conclus
Pour moi-même ,
Qu'au moins , d'après son portrait ,
Tout jeune arlequin fait
Son thême.
Soyons d'abord , pour la frime ,
Glouton et pusilanime.
Sans retard ,
Cherchons l'art
Des grimaces.
D'entrechat en entrechat ,
Attrapons , comme un chat ,
Les grâces.

(1) Le célèbre Thomassin.

Des lazzis
Bien choisis !
L'air fantasque,
Tour à tour
Triste et balourd ;
Crac soudain pour changer
Vif, léger,
Plus qu'un basque ;
En passant,
Sous l'accent
Bergamasque,
Glissons le mot gaillard, mais
Chut, ne levons jamais
Le masque.

L'AMOUR et LE VAUDEVILLE.

AIR : *du menuet de la Fête du Château.*

C'est de même
Qu'il faut tâcher que l'on t'aime.
Crois que le Français,
Qu'on voudrait par accès,
Plonger dans une rêverie extrême,
Est le même.
La gaîté fait son système :
Tout genre étranger,
Par un goût passager,
Peut l'engager,
Non le changer.

SCÈNE XVII et dernière.

Les Précédents, un surcroît de PAYSANS
et de PAYSANNES.

AIR : *de la Périgourdine.*

Vous voyez l' restant du village,
Qui n'a ni moins d' zèl' ni moins d' voix.

UNE PAYSANNE.

On n'a qu'à nous mettre à l'ouvrage ;
J' tiandrons c' que promeit' nos minois.

UN MAGISTER.

J' sis l' p'us savant, j' m'en vante ;
J' montre à lir' dans l' latin.

CHŒUR GÉNÉRAL.

C'est l' plus savant ! i' s' vanté
D' montrer à lir' l' latin.

UN PAYSAN-Chantre.

Messieux, c'est moi qui chante
Le dimanche au lutrin.

CHŒUR GÉNÉRAL.

Messieux, c'est lui qui chante
Le dimanche au lutrin,

Second couplet.

LE TABELLION *d'un air pincé.*

Il est enjoint de me reconnoître
Pour le tabellion du hameau. . . .

CHŒUR GÉNÉRAL.

Il est enjoint de le reconnoître
Pour le tabellion du hameau.

UN BATELIER.

Quant à moi, vous conviendrez p't-être
Que j'vous pass' tous... dans mon bacheau.

CHŒUR GÉNÉRAL.

Quant à lui, nous conviendrons p't-être
Qu'il nous pass' tous... dans son bacheau.

UN JEUNE PAYSAN.

C'est moi qui suis Desroches
Dont l' hautbois met en train.

CHŒUR GÉNÉRAL.

C'est lui qui s' nomm' Desroches,
Dont l' hautbois met en train.

UN PETIT PAYSAN.

C'est moi qui sonn' les cloches ;
J' sis l' p'tit Michel Morin.

CHŒUR GÉNÉRAL.

C'est lui qui sonn' les cloches ;
C'est l' p'tit Michel Morin.

Troisième couplet.

UN PAYSAN.

J' somm' tretous compagnons d' voyage ;
C'est l' cas d' chanter à l'unisson.

CHŒUR GÉNÉRAL.

J' somm' tretous compagnons d' voyage ;
C'est l' cas d' chanter à l'unisson.

UN PAYSAN.

Aussi-ben l' p'tit vaud'vill', je gage,
Nous fait v'nir pour la même chanson,

CHŒUR GÉNÉRAL.

Aussi-ben l' p'tit vaud'vill', je gage,
Nous fait v'nir pour la même chanson.

UN PAYSAN *au Vaudeville.*

Ah! voyez, sans angoisses,
Nos habits d' tout' couleur.

CHŒUR GÉNÉRAL.

Ah! voyez, sans angoisses,
Nos habits d' tout' couleur.

UN PAYSAN.

Quoiq' de trente-six paroisses,
J' n'avons tous qu'un mêm' cœur.

CHŒUR GÉNÉRAL.

Quoiq' de trente-six paroisses,
J' n'avons tous qu'un mêm' cœur.

L'AMOUR.

AIR : *Lison dormait dans un bocage.*

Vous allez, d'après ces promesses,
Pénétrer dans ce temple-là,

MOMUS.

Vous y verrez Dieux et Déesses,
Dormant par-ci, dormant par-là;

ENSEMBLE.

Réveillez-nous la cour céleste,
En poursuivant sur ce ton-là

CHŒUR GÉNÉRAL.

Réveillons-là, réveillons-là.

La Mère SAUMON *au Silence.*

Passais d'vant-nous, mon cher, et preste.

L'AMOUR *malignement à la Nuit,*

Savoir pourtant dans ce cas-là,
Si madame nous ouvrira.

LA NUIT à l'Amour.

AIR : *j'ai rêvé toute la nuit.*

Fripon ! tu me fais la cour !
Qu'ils te suivent tour à tour....
Ce n'est pas le premier jour,
(Parlons sans détour, parlons sans détour)
Ce n'est pas le premier jour
Que j'ai fait entrer l'Amour.

ARLEQUIN, MOMUS et les PAYSANS.

(*à part.*)

Ce n'est pas le premier jour,
(Elle est sans détour, elle est sans détour)
Ce n'est pas le premier jour
Qu'elle a fait entrer l'Amour.

L'ABBÉ, *à l'instant où on se met en marche.*

AIR : *un moment* (du Roi et le Fermier.)

Un moment !......

CHŒUR GÉNÉRAL.

Quel tourment ?

L'ABBÉ.

Un moment,

CHŒUR GÉNÉRAL.

Quel tourment ?

L'ABBÉ.

Un moment, doucement,

CHŒUR GÉNÉRAL.

L'Abbé, tu fais l'enfant....

L'ABBÉ.

Un moment,

CHŒUR GÉNÉRAL.

Quel tourment ?

L'ABBÉ.

Un moment,

CHŒUR GÉNÉRAL.

Quel tourment?

L'ABBÉ.

Un moment, un moment,
Z'aî des raisons vraiment....

AIR : *O filii et filiæ.*

Dans le costume où me voilà, ...
Ne me forcez point à cela....
Ze n'entre point chez ces Dieux-là....
Z'attendrai-là, z'attendrai-là.

MOMUS.

Même air.

Vain scrupule que celui-là,
Et vous en passerez par-là ....
Allez l'Abbé, laissons cela,
Allez par-là, allez par-là.

CHŒUR GÉNÉRAL.

Même air.

Vain scrupule que celui-là,
Et vous en passerez par-là,
Allons l'Abbé, laissons cela,
Allez par-là, allez par-là.
Allez par-là, allez par-là.
Allez par-là, allez par-là.

(*On le pousse dans le Panthéon céleste, où tout
le monde se précipite en même-temps.*)

Fin du premier Acte.

LES DEUX PANTHÉONS,
OU
L'INAUGURATION DU THÉATRE
DU VAUDEVILLE.

ACTE SECOND.

Le Théâtre est le même qu'au premier acte.

SCÈNE PREMIÈRE.

L'AMOUR et LE VAUDEVILLE.

L'AMOUR.

AIR : *c'est une bagatelle.*

TU m'en vois émerveillé,
Tout l'Olympe est réveillé,
Grace à ta troupe nouvelle
Qui m'a bien prouvé son zéle.

LE VAUDEVILLE.

Oui, mais morbleu !
Depuis ce jeu,
Je vois mes sujets en feu,
Se traiter de monsieur et de
Mam'zelle.   *Bis.*

L'AMOUR.

C'est une bagatelle.   *Bis.*

D

Vos Actrices dans ces lieux,
Ayant réveillé des Dieux,
Vos Acteurs par gentillesses,
S'étant chargés des Déesses.
 Les voilà tous,
 Un peu jaloux;
Mais rallumer à l'instant
Leur ardeur, rien qu'en agitant
 Mon aile, *Bis.*
C'est une bagatelle.

SCÈNE II.

Les Précédens, COLIN, BABET, DORVAL,
AGATHE, LÉANDRE, ISABELLE, PIERROT,
COLOMBINE, LISETTE, LA FLEUR, NICO-
DÈME, NICOLE, ARLEQUIN, LA NÉGRESSE,
LE GASCON, LA PROVENÇALE, LE SAVOYARD,
LA SAVOYARDE, L'ABBÉ et LA NOVICE, *tous*
brouillés dans leurs amours.

LA FLEUR à *Lisette.*

AIR : *du ballet de Barbe-bleue.*

NE me suis pas, cruelle,
(Oh! qui l'aurait dit d'elle!)
Va, coquette infidelle,
Tu n'étais un modèle
De vertu que là-bas.

LISETTE

De crier vous avez bien sujet,
Ce ton vous sied au parfait.

Quel forfait,
D'avoir fait
En effet,
Comme ces messieurs ont fait?

LE SAVOYARD à *Javotte.*

Empêche un suicido,
Si non je me décido
A me jettai', perfida,
Tout au travers du vuido,
Du haut du ciel en bas.

LA SAVOYARDE.

Oh! l'on vous croit trop délicats,
Trop jaloux dans tous les cas.
Pour mettro tant d'espace, hélas!
Entre vous et nos appas!

LE VAUDEVILLE à *l'Amour.*

Amour, à mon instance
De ce qui les offense,
Prends ici connoissance,
Et daigne en ma présence
Terminer leurs débats.

CHŒUR.

Amour, à son instance
De ce qui nous offense,
Prends ici connoissance,
Et daigne en sa présence
Terminer nos débats.

LE SAVOYARD, *persistant dans sa colère, et tenant la boëte de la marmotte.*

AIR: *de la Marmotte* (de M. Ducray.)

J'avais r'mis à Javotta,
Afin de courir plus fort,
Nostra pauvra marmotta.
V'la qu'l'Abbé tout d'abord

D 2

S'en empar' à propos d'botta,
V'la qui s'met, le butord,
A cahotter la marmotta
Dans son p'tit coffre fort,
Il a blessé la marmotta,
L'animal est p'têt' mort !

LA SAVOYARDE.

Est-ce la faute à Javotta,
De m'quitter t'avais tort.

LA NOVICE.

De cahotter la marmotta
Vous avez eu grand tort.

L'ABBÉ.

Za'vais réveillé Flore,
Pomone, Hébé, Cérès:
Du boudoir de l'aurore
Ze sortais le teint frais,
Z'ai rencontré la marmotte,
Et z'ai dit tout d'abord:
Ah ! réveillons la marmotte
Comme tout ce qui dort.

LA NOVICE.

De réveiller la marmotte
Vous avez eu grand tort.

CHŒUR.

De cahotter la marmotte
Vous avez eu grand tort.

LA SAVOYARDE.

Est-ce la faute à Javotte
De m'quitter t'avais tort

LA NÉGRESSE à *l'Amour.*

Avais moi des projets vu couleur à moi-même
Sur Arlequin ; mais moi trop voir, hélas !
Que c'est le vin tout bien compté qu'il aime.

ARLEQUIN *ivre.*

Eh bien ! quoi ! je n'en rougis pas.

AIR : *un Chanoine de l'Auxerrois.*

J'ai trouvé le père Bacchus
Ennivré de son divin jus,
Dans le fond d'une tonne
Je me suis une seule fois,

Mis à lui dire à haute voix :
Là bas n'est-il personne ?
Il m'a crié d'un ton clairet :
On y va (comme au cabaret)
Et bon, bon, bon,
Son vin était bon,
Il m'en en a fait trop boire.

COLOMBINE.

AIR : *tout comme a fait ma Mère.*

Pourquoi derrière ces pylastres,
Cherchais-tu la lune à tâtons ?

PIERROT.

Que veux-tu ? d'éveiller les astres,
Nicodème et moi nous tentons.

COLOMBINE à *l'Amour, en pleurant.*

Pierrot a ses raisons ;
Mais, mais, dans ces cantons,
J'ai bien fait d'être en sentinelle,
Car il allait s'éclipser avec elle.

PIERROT *montrant Nicodème.*

AIR : *que j'aime mon cher Arlequin.*

En réveillant l'soleil d'honneur,
Il étoit drôle ;
Et moi qui suis bien plus farceur,
J'ai réveillé la lune sa sœur,
En lui tapant l'épaule,
Ah mon Dieu, qu'c'était drôle !
Ell' m'a fait un p'tit serviteur,
C'est encor bien plus drôle !

NICODÈME *apostrophant Nicole.*

AIR : *vous voyez bien ce bouquet-ci.*

Mais mafi ! ce qui n'l'est pas tant,
C'est d'avoir vu Nicole

D 3

Quasiment presque sous mes yeux,
    Fair' preuv' d'ingratitude ;
All' donne à gauche et va tout droit
    Réveiller une famille
De messieurs que j'n'connais gas,
    Mais qu'est ben téméraire.

N I C O L E.

J'avons p'têt' tort en apparence ;
Mais t'a mil' fois plus tort en poussant tes soupirs,
    Car j'ons rembarré d'importance,
Et l' père Eole et tous les p'tits zéphirs.

AIR : *Pierrot revenant du moulin.*

C't' Eole dormait comme un perdu,
J'vous l'ai s'coné d'un air résolu ;
Mais vl'ati'l pas que c'gros jouflu
    Enfle en soufflant,
Mon mouchoir rouge et blanc ?
    Arrêtez-vous donc...
    Finissez donc...
    Laissez ça là....
Jamais un Dieu ne mettra le nez là.

AIR : *de la Meûnière.*

Monsieur z'Eole et vos enfants,
    Les enfants et le père,
Vous êt' tretous des insolents,
D'soufler d'la sorte autour des gens,
    Gardez ces manières
Pour nos moulins à vents,

I S A B E L L E.

On m'outrage aujourd'hui bien plus cruellement,
Léandre pourrait-il dire à présent qu'il m'aime ?
    Lorsqu'il osa précisément
    S'adresser à la beauté même.

L' A M O U R, *ironiquement.*

A ma mère !.... elle a dû sourire à votre amant.

ISABELLE.

AIR : *faire l'amour.*

Réveillée à son tour
Sur un lit de fougère,
Elle a, sans nul détour,
Dit qu'elle espérait faire
  L'amour
La nuit et le jour.

LEANDRE *à l'Amour, d'un ton leste de petit-maître.*

AIR : *je croyais ma belle.*

Voyant Isabelle
Tout près d'Adonis,
Au pied de Cypris
    J'ai pris
    Ma belle. ⎱ *Bis.*

A Isabelle.

Je croyais, ma belle,
Ces trocs-là permis,
Rions-en ma belle,
Sinon je te dis :
Adieu ma belle. *Bis*

A l'Amour.

A mon Isabelle
Je passe Adonis,
C'est bien le moins qu'elle
Me passe Cypris.
Près de l'immortelle
J'ai cru (c'est mon tort)
La voyant si belle
Réveiller encor
Encor ma belle. *Bis.*

COLIN *à Babet, avec un ton piqué au vif,*
et presque en pleurant.

AIR : *ce mouchoir belle Raimonde.*

Est-ce à tort que je vous gronde,
Quand pour vos menus plaisirs, D 4

Vous avez seule à la ronde
Réveillé tous les desirs?
Avec qu'eu' douleur profonde,
N'vous criai-je pas, Babet!
Ne dérangez pas le monde,
Laissez chacun comme il est.

B A B E T *à Colin, sur le même ton.*

AIR : *en jupon court.*

Je n'ai fait que suivre vos traces,
Qu'aviez-vous besoin, s'il vous plaît,
D'aller réveiller les trois Grâces
En Jupon court, en blanc corset?

LA PROVENÇALE *au Gascon.*

AIR : *vous comprenez bien.*

On sait comment est habillée,
Malgré le respect qu'elle obtient,
    La vérité qu'a réveillée
L'infidèle à qui mon cœur tient;
Oui marquis, vous m'entendez bien,
    Vous comprenez bien,
Qu'avec vous si je suis brouillée,
Ce n'est pas tout à fait pour rien.

LE GASCON.

Petite, vous avez grand tort de murmurer,
Jé crois la vérité légèrement vêtue;
Mais jé veux, cadédis, qué la peste mé tue,
Si j'ai trouvé l'instant dé la considérer.

AIR : *n'en demandez pas davantage.*

    Dans son puits jé la vois qui dort,
    Ayant à fleur-d'eau lé visage,
    Crac, je l'entortillé d'abord;
    Puis tirant a moi lé cordage,
        Jé la monte à bord.

(*C'est un Gascon?*
Dit-elle, eh donc!)
Elle court encor,
Sans en demander davantage.

DORVAL.

Quoiqu'un peu différent, son tort, lorsque j'y pense,
Est un de ceux qu'amour bien rarement absout,
De réveiller la joyeuse espérance
J'étais venu tout doucement à bout.

AIR : *je l'ai planté* (de J.-J. Rousseau.)

J'en étais déjà dans l'ivresse,
Lorsqu'avec l'air de bonne foi,
Agathe éveilla la sagesse
Pour la placer entr'elle et moi.

AGATHE, *bas à l'Amour.*

Amour, je vais tout bas te prouver qu'il s'abuse;
Mais c'est sous l'espoir seul que tu seras discret.

L'AMOUR.

Assurément.

AGATHE, *tirant l'Amour plus à part.*

Ce Dorval qui m'accuse,
M'en voudrait beaucoup moins s'il savait mon secret.

AIR : *ça n'durera pas toujours.*

La sagesse à l'oreille
M'a tenu ce discours :
» Agathe me réveille
» Pour avoir du secours,
» Ça n'durera pas toujours. ... *Ter.*

L'AMOUR, *trahissant le secret d'Agathe.*

La sagesse a bien dit, et malgré mon serment,
Tout secret doit ici consoler chaque amant.

Même air.

Chers amis, ces querelles
Ne sont que des détours ;
A l'humeur de vos belles
Laissez un libre cours ,
Ça n'durera pas toujours.   *Tur en chœur, avec les amants.*

LE VAUDEVILLE.

AIR : *l'Amour est un enfant trompeur.*

Il en est même un sûr moyen
Que je vous recommande ,
C'est pour leur bien ,
C'est pour le mien
Que je vous le demande.
Unissez-les tous dès ce soir,
Pour qu'au plaisir , comme au devoir,
Chacun ici s'entende.

L'AMOUR.

Si ce vœu-là convient à tous ,
Si vous êtes sincère
Je suis moi , par égard pour vous ,
Prêt à vous satisfaire ;
Mais j'y mets une seule loi ,
Mes chers amis , dispensez-moi
D'en parler à mon frère.   *Bis.*

LE VAUDEVILLE et les AMANS.

Hâtez ce moment plein d'attraits ;

L'AMOUR, *faisant sortir de dessous terre*
un autel galant.

Comptez sur mon génie ,

LES FEMMES.

A l'aspect de ces doux apprêts
La colère s'oublie ;
Sur cet autel galant et frais,   } Bis avec
Tendre amour , faites seul les frais   {   les
De la cérémonie,   } hommes.

L'AMOUR.

AIR : *du menuet de la Cour.*

Faut-il que j'invite
Jupiter, Mars et Pluton?

LE CHŒUR.

Non.

L'AMOUR.

Neptune, Amphitrite,
Proserpine et Junon?

LE CHŒUR.

Non.

L'AMOUR.

Le docteur Apollon?

LE CHŒUR.

Non.

L'AMOUR.

Ou bien quelque Triton?

LE CHŒUR.

Non.

L'AMOUR.

Le riche Plutus?

LE CHŒUR, *indifféremment.*

Non.

L'AMOUR.

Le sot Vulcain?

LE CHŒUR *des hommes, avec colère.*

Non.

L'AMOUR.

Des Satyres?

LE CHŒUR *des femmes effrayées.*

Non.

L'AMOUR.

Non !

Quoi, toujours non ?
Ah ! sans témoins que diroit-on ?
Mais quelle aubaine,   ⎫
Le temps amène ?   ⎬ *Bis.*
              ⎭

LE VAUDEVILLE.

Le temps amène,
(Dieux quelle aubaine !)
Du Panthéon,
La Nuit, Momus, la santé.

LE CHŒUR, *gaiment.*

Bon.

L'AMOUR *aux femmes.*

Faut-il qu'on s'abstienne
D'achever votre union ?

LE CHŒUR *des femmes, tendrement.*

Non.

MOMUS, LA NUIT, LA SANTÉ et LE TEMPS.

s'arrêtant sur le seuil du Panthéon.

Peut-être on vous gêne ?

LE CHŒUR.

Non, non, non, non, non,
Non.

SCENE III.

Les Précédens, MOMUS, LA NUIT, LA SANTÉ, et LE TEMPS.

MOMUS à *l'Amour*.

AIR : *à la façon de Barbary*.

A leur maintien, à cet autel
Surchargé de guirlandes,
Je devine aisément qu'au ciel
Tu brigues leurs offrandes,
Je n'ai pas besoin mon garçon
D'en savoir plus long;
    Je fais le pari
    Que tu vas les unir ici,
        Mon ami,
A la façon du bon vieux Temps notre ami.

LE TEMPS.

Même air.

J'aime à fixer dans ce séjour
    Cette troupe folâtre;
Sa connivence avec l'Amour
Est un jeu de théâtre;
Au surplus, j'en suis ébloui,
    J'en suis réjoui,
    J'en suis rajeuni,
Riez, chantez, dansez, aimez-vous aussi,   } Bis en
A la façon du bon vieux Temps votre ami.   } Chœur.

LA SANTÉ.

AIR : *repas en voyage* (des Solitaires.)

Je viens en famille,
C'est moi qui suis la Santé,
Où la santé brille
Brille la gaité.

CHŒUR.

L'aimable famille !
La Nuit ! le Temps ! la Santé !
Où la santé brille,
Brille la gaité.

LA SANTÉ.

Du plaisir volage
Par le temps précipité,
On ne fait usage
Qu'avec la santé.

CHŒUR.

Je viens en famille,   L'aimable famille !
C'est moi, etc.   La Nuit ! etc.

LA SANTÉ.

Croyez qu'il est sage,
Pour votre avantage,
Que je soye en partage
Dans la société ;
C'est un doux présage
Quand l'amour engage
Des cœurs du même âge
Sous les yeux de la santé.

CHŒUR.

Je viens en famille,   L'aimable famille,
C'est moi, etc.   La Nuit, etc.

LA NUIT.

AIR : *tous les pas d'un discret amant.*

Vous devez me sourire tous,
La Nuit à l'Amour est propice;
La nuit des tendres rendez-vous,
Est auteur, témoin, ou complice;
De me voir venir je soutien
Qu'on est rarement en colère;
Car les Amans ne s'aiment bien } Bis
Qu'accompagnés de mon mystère. } en chœur.

MOMUS *au Vaudeville.*

Pour des gens que l'Amour se propose d'unir,
Ils ont l'air bien pensif, je dois en convenir.

LE VAUDEVILLE.

AIR : *Monsieur le Prévôt des Marchands.*

Vous êtes entrés justement,
Quand pour les réunir vraiment,
Il préparait un coup de maître.

MOMUS *à l'Amour.*

Fini leur racommodement,
A fin qu'après, nous puissions être
Témoins de leur tendre serment.

L'AMOUR *au Vaudeville.*

AIR : *je suis heureux en tout, Mademoiselle.*

Je peux ici,
Pour r'attacher leur chaîne,
Seul calmer leur haine,
Qu'à cela ne tienne;
Mais je veux aussi
Qu'auparavant, chacun près de la sienne,
Pour finir sa peine,
Par la même antienne
Obtienne
Merci.

(*Au vœu qu'énonce l'Amour, chaque amant se
groupe auprès de sa maîtresse, et l'embrasse
tour à tour sur le mot oui.*)

DORVAL *à Agathe.*

Serai-je un jour ton mari?

AGATHE.

Oui,

LÉANDRE *à Isabelle.*

Suis-je toujours ton ami?

ISABELLE.

Oui.

COLIN *à Babet.*

De toi, suis-je encor chéri?

BABET.

Oui.

L'ABBÉ *à la Novice.*

As-tu le cœur attendri?

LA NOVICE.

Oui.

LE GASCON *à la Provençale.*

Sandis! jé crois qu'elle a ri.

LA PROVENÇALE.

Oui.

L'AMOUR, *voyant les couples de la droite réunis.*

De ce côté mon art vient de paraître,
Le calme a su renaître

LE VAUDEVILLE.

Cela peut bien être,
Mais
Tous les
Valets
Sont aux aguets,
Si je puis m'y connaître,
Chacun veut en être,
Et veut passer maître.

L'AMOUR

L'AMOUR *aux Valets.*

Contrefaites-les.

LA FLEUR à *Lisette.*

Suis je votre favori?

LISETTE.

Oui.

PIERROT à *Colombine.*

Accepte un tendre défi.

COLOMBINE.

Oui.

ARLEQUIN à *la Négresse.*

Ça va-t-il, *Sargedimi?*

LA NÉGRESSE.

Oui.

LE SAVOYARD à *la Savoyarde.*

Es-tu sans rancune aussi?

LA SAVOYARDE.

Oui.

NICODÈME à *Nicole.*

Et moi, baiserai-je-ti?

NICOLE.

Oui.

(Ici l'Amour fait approcher de son autel les différens couples. La Santé, le Temps et Momus, l'aident à les entourer d'une même guirlande de fleurs. Chaque amante en détache une rose, qu'elle jette sur l'autel, l'Amour s'apprête à les brûler).

E

SCENE IV.

Les Précédents et les ENFANS.

LES ENFANS *entrants sur la pointe du pied,*
       derrière la Nuit, qui fait sa ronde.

QUELLE est, hélas !
La peur qui nous arrête ?
C'est comme une fête
Qu'ici l'on apprête ;
Mais dans tous les cas,
      En parlant bas,
Puisqu'on tourne la tête,
Sachons, en cachette,
Vers cette retraite,
Glisser pas à pas..

LA NUIT à *l'Amour.*

AIR *de M. Chardini.*

Mais quels accens, lorsque j'y pense,
Frappent donc mon oreille au guet ?
      Surprenant les enfants dans un coin.
Ces enfans, à peu de distance,
Voudroient surprendre ton secret ;
Mais entre tes jeux et l'enfance,
La Nuit doit toujours par prudence,
Etendre son voile discret.
      Elle étend sa mante de manière que
      les enfants ne voient rien.

Amour, écoute ma prière :
Sur ces enfans j'ai beau veiller,
J'ai peur que ton flambeau n'éclaire
Ces yeux-là faits pour sommeiller.
Après tout, qu'est-il nécessaire
Qu'il jette en dehors sa lumière ?
C'est dans les cœurs qu'il doit briller.

ORPHISETTE, *se levant sur la pointe du pied.*

A I R : *C'est ce qui me désole.*

J'appercevrais tout sans la Nuit
Dont le crêpe importun me nuit ;
  C'est ce qui me désole :   *Bis avec les autres enfans.*
Par-dessus son voile maudit,
Je verrai petit à petit ;
  C'est ce qui me console.   *Bis avec les autres enfans.*

ISABEAU, *après avoir passé sa tête inutilement par-dessous le voile.*

De ce qu'on chante en ce réduit,
Moi perdre moitié par ce bruit ;
  C'est ce qui me désole :   *Bis avec les autres enfans.*
Mais supposer dans mon esprit
L'autre moitié de ce qu'on dit ;
  C'est ce qui me console.   *Bis avec les autres enfans.*

L'AMOUR.

Aprochez-tous.... Ah ! ciel ! quel nouveau contre-temps !

DORVAL.

C'est fait de nos projets.

COLIN.

         Nous avions bien affaire
Et des pères et des mamans.

L'AMOUR.

Ma foi, tout est perdu s'ils m'amènent mon frère.

(*Les Pères et les Mères témoignent tous de la surprise en voyant les préparatifs de l'Amour. Momus et le Temps cherchent sur-tout à les appaiser.*

E 2

·SCENE V.

Les Précédents. DOLBAN, ORPHISE,
Le Père LAJOIE, MARGOT, CASSANDRE
et la Mère SAUMON (1).

DOLBAN.

AIR : *en plein plan.*

QUOI, l'Hymen votre frère ?
Je voudrais pour vous plaire,
Vous en parler savamment
    En plein plan ;
Mais je ne l'ai vu qu'en passant,
    Et je l'ai quitté dormant
    Comme à son ordinaire.

ORPHISE.

Nous avons cru mieux faire
Pour notre vie entiére,
D'éveiller conjointement,
    En plein plan
L'amitié, ce doux sentiment,
Que par un accord prudent
A notre âge on préfere.

CASSANDRE.

J'avais, pour que ton frère
S'éveillât sans colère,
Toussé méthodiquement,
    En plein plan ;
Il ouvrait un œil languissant,
Mais il a vite, en bâillant,
Refermé sa paupière.

(1) On passe, si l'on veut, à la représentation, quelques-uns de
ces couplets sur le même air.

La Mère SAUMON.

Par ma voix grêle et claire,
J'avois su le distraire ;
Mais il est r'tombé sur-l'-champ
En plein plan.
De pavots coëffé tristement ;
Le nez sur l'coussin pesant
De Morphé' son confrère.

Le Père LA JOIE.

J'comptois que l'bruit d'mon verre
L'éveill'roit d'bonne manière ;
Mais je l'ai laissé ronflant
En plein plan,
Après l'avoir, tout en buvant,
Appellé, mais vainement,
De ma voix de tonnerre.

MARGOT.

Si c'eût été sur terre,
Du moulin d'la meûnière,
Le tic-tac à son timpan
En plein plan,
L'eut rendu, rien qu'en un moment,
Au chant
Du coq vigilant,
Un éveillé compère.

MOMUS, *aux Pères et Mères*, (à part.)

Air : *Des bonnes gens.*

Si l'Hymen dort, je pense
Qu'il faut excuser l'Amour
Qui veut en son absence
Les réunir en ce jour.

Les PÈRES et les MÈRES.

Il n'en feroit qu'à sa tête ;
Nous sommes trop bons parèns
Pour vouloir troubler la fête,
La fête des jeunes gens.

E 3

L'AMOUR.

AIR: *Aimable jeunesse* (de Floquet.)

Aimable jeunesse,
Jurez-moi, qu'à l'allégresse,
Au plaisir, à la tendresse
Vous sacrifierez sans cesse.

CHŒUR D'AMANS *étendant leurs mains sur l'autel.*

Dieu de la tendresse,
Nous te faisons la promesse
De nous rappeller sans cesse
Ce serment
Charmant.

Les PÈRES et les MÈRES, *mettant le Temps au milieu de leur grouppe, et lui montrant leurs enfants réunis.*

Nous, à notre place,
Saisissons le temps qui passe....
Pour nous laisser sur leur trace
Encore quelques douceurs.
Ah! cache par grace
Ta faulx sous les fleurs.

LES AMANS.	L'AMOUR.	LES PÈRES et LES MÈRES.
Dans notre jeunesse,	Aimable jeunesse,	Laissons la jeunesse
as tous qu'à l'allégresse,	Jurez-moi qu'à l'allégresse,	Promettre qu'à l'allégresse,
laisir, à la tendresse	Au plaisir, à la tendresse	Au plaisir de la tendresse
sacrifierons sans cesse.	Vous sacrifierez sans cesse.	Elle obéira sans cesse.
Dieu de la tendresse,		Laissons la, etc.
te faisons la promesse,		
ous rappeller sans cesse		
Ce serment		
Charmant.		

LA NUIT aux Enfans.

Vous ne devez pas connaître
Si-tôt ce Dieu-là pour maître
J'arrêterai peut-être
Ces vains desirs.

LES ENFANS *soupirants.*

Nouvelle menace!
La méchante nous tracasse!
Ah! par grace
Qu'on nous passe....
Les soupirs.

LES ENFANS. LES AMANS. LES PÈRES et LES MÈRES.

Chantons l'allégresse;   Dans notre jeunesse,   Laissons la jeunesse,
Mais en désirant sans cesse,   Jurons tous, etc.   Promettre, etc.
Qu'au plus vite la jeunesse
Nous permette la tendresse, etc.

LA NÉGRESSE *à Arlequin, qu'elle ramène du côté des enfans.*

AIR : *oui, noir, mais pas si diable.*

Toi noir, et toi
Bon diable,

ARLEQUIN *se grattant le front.*

Sentir-là je n'sais quoi,

LA NÉGRESSE.

Etre toi bien capable
De me garder ta foi?

ARLEQUIN.

Pourquoi?   [*quatre fois.*]

LA NÉGRESSE, *avec embarras.*

Te dire le pourquoi,
Coûter beaucoup à moi,
Pourtant moi, pas me taire!

ARLEQUIN *impatient.*

Voilà bien du mystère,

LA NÉGRESSE *lui montrant Isabeau.*

Si l'arbre a su te plaire

E 4

ARLEQUIN.

Aye! ouf! *me povero!*

LA NÉGRESSE, *le caressant.*

Coco, coco,
Toi chérir le rameau,

ARLEQUIN.   (*à part.*)

Je craignais le rameau.

Il vaut mieux en ménage,
Adopter, je le crois,
L'enfant du voisinage,
Auparavant qu'après,

LA NÉGRESSE.

Merci, merci de tes
Bienfaits
Devenir ton papa,

ISABEAU.

Papa! papa! papa!

ARLEQUIN.

Un peu moins de papa;
Car avant ma réplique,
Il faut que je m'explique,

(*Tirant Isabeau bien à part.*)

Etes-vous fille unique?

ISABEAU.

Unique moi, papa, papa!

ARLEQUIN *l'embrassant.*

Nomme moi, [*Bis*] ton papa,

ISABEAU.

Seule moi, seule moi, vrai cela.

LE VAUDEVILLE.

AIR: *Paris est au roi.*

Ces vœux
Sont au mieux;

Nous voilà joyeux,
Nous voilà tous heureux,
Rendons grace aux dieux ;
Mais obtenons d'eux
De quitter ces lieux :
Au Panthéon, là-bas, on attend nos jeux.

MOMUS *à l'Amour.*

Que sans gène
L'on amène
Votre ballon sous nos yeux.

NICODEME, *tirant le ballon sur la scène, avec Arlequin et Pierrot.*

Qu'à ça n'tienne
Pour qu'il vienne
Jusqu'au beau milieu,
Pour nous c'n'est qu'un jeu.

LE VAUDEVILLE *à Arlequin.*

Vous, sans balancer,
Faites avancer
Les musards,
Les traînards.

TOUS.

Laissez-nous passer.

LE VAUDEVILLE.

Pourquoi vous presser ?
Pourquoi vous pousser ?
Le Temps va vous classer
Et tous vous placer.

(*Le Temps place tout le monde dans la nacelle.*)

ARLEQUIN, *sautant à califourchon sur la poupe.*

AIR : *mes bons amis, pourriez vous m'enseigner.*

Mes bons amis,
Je veux, sauf votre avis,
Qu'ici, pour pilote on me nomme ;

NICODÈME et **PIERROT.**
En bonne foi,
As-tu la tête à toi?

ARLEQUIN.
Quoi, qu'est-ce donc?
Ce ton
M'assomme.
Tantôt que j'avais bu,
J'en conviens, j'aurais pu
Au gouvernail faire mon somme;
Mais depuis qu'on m'a fait, vraiment,
Epoux et père en un moment,
Cela vous dégrise bien un homme!

PIERROT, *à califourchon sur la proue.*
Et quant à moi,
Voici tout mon emploi,
A cette place en embuscade,
Du coin de l'œil,
Si je vois un écueil,
Je serai tout prêt à la parade.
En ouvrant à propos
L'arsenal des bons mots,
On me verra, canonnier preste,
Courir de tribord
A bas-bord;
Et pour nous relever
En l'air,
Savoir prudemment jetter du leste.

NICODÈME *se passant un petit sac au col, et se*
plaçant au milieu des femmes.
Moi, j'suis l'facteur,
Momus qu'est un docteur,
M'a r'mis, j'en préviens l'équipage,
Des p'tits paquets pour ces Auteurs,
Frondeurs,
Qui disseq' à froid l'badinage;

Je n'les ai pas lus, da,
Mais j'somm' bén sûr quoiqu'ça,
Qu'au bas d'la lettre il finit par leur dire :
J'ai l'honneur
D'êtr' votre serviteur;
Messieurs, si vous avez d'l'humeur,
N'empêchez pas les autres de rire.

LE TEMPS *au Vaudeville, prêt à s'embarquer.*

AIR : *cahin, caha.*

Chér Vaudeville,
Sans trop faire pourtant
L'entendu, l'important,
Là-bas dans ces instans,
Avec l'aide du temps
Vous pouvez être utile;
Chacun s'y donne en vérité
Du fil à retordre,
Chacun veut s'y mordre;
Mais sans en démordre,
Pour tout mettre à l'ordre,
Rappellez tout à la gaité. } *Bis en chœur.*

MOMUS *aux hommes, en leur montrant la Santé.*

Même air.

Malgré qu'on blâme
Cet usage inventé
De toute antiquité,
Au dessert, en gaîté,
Buvez à la santé
De cette bonne dame.

CHŒUR GÉNÉRAL des hommes.

Soit fait ainsi que Momus dit.

LA SANTÉ.

Ma joie est complette,
Messieurs, en cachette,
Moi, je vous souhaite
La santé parfaite.

LA NUIT *aux femmes.*

Moi, mesdames, la bonne nuit   *Bis.*

SCÈNE VI et dernière.

Les Précédents, LE BATELIER, LE TABELLION,
et autres Villageois et Villageoises.

LE BATELIER *en colère, à l'Amour.*

AIR : *de contredanse.*

Qu'eu chien d'mystère!
Je n'peux m'en taire,
Est-il donc vrai, compère,
Qu'il vient de s'faire
Tant d'noces
Précoces,
Chez vous
Par vous,
Sans nous?

L'AMOUR.

Tout doux,
Calmez votre courroux.

DESROCHES *son haut-bois à la main.*

Mon dieu que c'est malhonnète!
J'aurais conduit la fête.

LE PAYSAN-CHANTRE.

Moi, j'aurais mêlé dà,
Mon antienne à tout ça.

LE TABELLION.

Quoi! sans mon ministère!
J'en suis tout en colère.

Le petit MICHEL MORIN.

Moi, j'suis tout consterné,
De n'avoir rien sonné.

L'AMOUR.

Second couplet.

Avec la trouppe,
Dans la chaloupe,
Sans souffler, qu'on se groupe,
Au Vaudeville, qui est tout au haut de la nacelle.
Rien ne vous coupe
Le vent en poupe.

ARLEQUIN.

Veut-on me donner le signal?

PIERROT.

Patron, droit au Palais royal.

MOMUS, *arrêtant le ballon prêt à s'enfoncer.*

Si l'on vous y chagrine,
D'un mot à la sourdine,
Invoquez-nous aux cieux,
Nous irons de cés lieux
Vous tirer de détresse,
Sans qu'on nous reconnaisse,
Moi, Momus et la Nuit,
Tous trois à petit bruit.

LE VAUDEVILLE.

Troisième couplet.

Messieurs, Silence,
La révérence!
Le ballon se balance.

ARLEQUIN *à moitié effrayé.*

Le ciel s'entrouvre!

N·I·CODÈME *ouvrant de grands yeux.*

Oui, car j'découvre
Nos clochers, tout là-bas, là-bas.

PIERROT *se cramponnant à la proue.*

D'nous ben t'nir c'est l'cas.

MOMUS, L'AMOUR, LA NUIT,
LE TEMPS et LA SANTÉ.

Bon soir la compagnie,

LE VAUDEVILLE.

Point de cérémonie.

(*Le ballon s'enfonce.*)

CHŒUR GÉNÉRAL.

Bon soir,
Jusqu'au revoir.

LES DIEUX.

Jusqu'au revoir,
Bon soir.

CHŒUR GÉNÉRAL.

Bon soir la compagnie.

LES DIEUX.

Bon soir la compagnie.

ENSEMBLE.

Bon soir,
Jusqu'au revoir,
Jusqu'au revoir,
Bon soir.

LA NUIT, *au bord du tron.*

Quatrième couplet.

J'entends encore
Leur voix sonore,
Qui pourtant s'évapore;

MOMUS.

Les femmes malignes
Nous font plusieurs signes,
Répondons-leur ainsi,
D'ici. . . . .
Répondons-leur ainsi.

(*Il leur envoie des baisers.*)

CHŒUR GÉNÉRAL et alternatif.

Bon soir la compagnie.

LES DIEUX.

Bon soir la compagnie.

ENSEMBLE.

Bon soir,
Jusqu'au revoir,
Jusqu'au revoir,
Bon soir.

Fin du second Acte.

LES DEUX PANTHÉONS,

OU

L'INAUGURATION DU THÉATRE

DU VAUDEVILLE.

ACTE TROISIEME.

La Scène représente une partie du Château d'eau, à l'angle de la place du Palais royal, et dans le fond, la façade du ci-devant Panthéon de la rue de Charres.

SCÈNE PREMIÈRE.

LE DRAME, UN GEOLIER, L'ARIETTE de bravoure, et UN VIRTUOSE Italien.

LE VIRTUOSE à *l'Ariette, en lui montrant le Drame, qui guette les passans, avec son confident Geolier, dans l'attitude d'un voleur, enveloppé dans son manteau.*

AIR : *du libera de la Bourbonnoise.*

MADAME en vain me blâme;
Cette figure infâme
Me met la mort dans l'ame...
J'ai vu briller la lame
D'un poignard qu'il tient là;
Ah, ah, ah, ah.

L'ARIETTE,

L'ARIETTE, *en se mocquant de sa peur.*

Ah, ah, ah, ah!

LE VIRTUOSE, *plus effrayé.*

De nous percer, madame,
Je parierais qu'il trame...

L'ARIETTE, *reconnaissant le drame.*

Et non, non, c'est le drame.

LE VIRTUOSE, *rassuré.*

C'est il Signor Drama?....

E N S E M B L E.

Ah, ah, ah, ah.

LE VIRTUOSE, *flattant de loin le Drame qui ne*
l'entend pas encore.

Du meilleur de mon ame,
Bonjour, Signor Drama!

LE GEOLIER, *au Drame, en lui montrant l'Ariette.*

Ah! mon maître, on nous guette...
Quelle est donc l'indiscrette,
Si matin en toilette,
Qui, sur place, répète
Des i, des o, des a?

(*Tous quatre*)

Ah, ah, ah, ah!

LE DRAME, *au Geolier.*

Cette grande coquette,
C'est la grande Ariette
Que tout grand chanteur traite
D'aria, de bravoura.

Ah, ah, ah, ah!

LE GEOLIER, *après avoir posé à terre une*
grosse cloche.

Salut; à l'Ariette,
Dite de bravoura....

F

L'ARIETTE, *abordant le Drame.*

Je dois en conscience,
Vous faire confidence
D'un plan qui nous offense...

LE DRAME, *enchanté de pouvoir larmoyer.*

Parlez, parlez ; d'avance
Mes pleurs coulent déja...
Ah, ah, ah, ah !
Puisse un récit fidèle
D'aventure cruelle,
D'une douleur mortelle
M'ouvrir la source là.

(*Il porte la main sur son cœur.*)

Ah, ah, ah, ah!

L'ARIETTE et le VIRTUOSE *larmoyant avec le Drame*
et le Geolier.

Ah, ah, ah, ah!
Parbleu, vous l'avez belle,
Car, dans ce genre là....

AIR : *Quand l'auteur de la nature.*

LA nouvelle
La plus nouvelle,
C'est hélas ! l'entreprise nouvelle
De cette salle nouvelle!
Où le Vaudeville s'établit.
Il ne battait que d'une aile;
Avec sa troupe criminelle,
La liberté le rapelle,
Et prétend le remettre en crédit!

LE VIRTUOSE.

Si Signor, ce n'est pas pour nous le cas de rire....
D'ailleurs, c'est comme elle à l'honneur de vous le dire.

ENSEMBLE, *en se lamentant.*
La nouvelle, la plus nouvelle, etc.

LE DRAME, *reprenant ses sens.*

AIR : *d'un ancien récitatif italien.*

Je dois y faire attention,
Et vous aussi, madame, par ce
Que le genre de la chanson
Que nous devons traiter de farce,
Pourrait bien en cas de procès,
L'emporter aux yeux des Français,
Et sur ces flots de sang livides
Que l'on me voit faire couler,
Et sur ces roulades rapides
Que l'on vous entend roucouler.
    Il faut qu'à ma rage, en ce jour,
Votre politique s'allie,
L'Angleterre est mon vrai séjour... (1)
Vous êtes, vous, de l'Italie.
Ce Vaudeville est un marmot,
Un petit drôle, un vrai badaud,
Qui s'amuse à courir les rues ;
Il vous faut l'endormir exprès
Par des difficultés vaincues ;

*(Au geste qu'il fait avec son poignard, l'Ariette
de bravoure et le Virtuose reculent d'horreur.*

Zag.... j'en fais mon affaire après.
    D'où naissent ces vaines terreurs ?
Quoi, vous me laisseriez en route ?
Vous n'êtes pas faite aux horreurs,
Et d'en commettre il vous en coûte.
Eh bien, madame, ce danger
Que vous craignez de partager,

---

(1) La traduction des nuits d'Young a été le germe des succès du drame, genre proscrit par Voltaire, Piron, et par tous
les bons auteurs. Telle est l'influence des spectacles sur les
mœurs, qu'en sortant de voir aux *Délassemens-Comiques*, *Pierre le
cruel* ou *Béverlay*, l'artisan en sort souvent avec des idées coupables.

Il faudra seul que je le coure...   (à part.)

Mais, qui l'aurait dit, en honneur,

Que l'Ariette de bravoure

Avec son nom, manquât de cœur?

L'ARIETTE, (*sur un air de récitatif Italien.*)

Jamais je n'en manquai; mais je crois à mes charmes.

Ma voix et mes amis, voilà mes seules armes!

Vienne le Vaudeville, et dans quelques instans,

Je reviendrai plus belle, avec force instrumens,

Lui chanter à plaisir un air que je travaille....

De ses chants trop joyeux je gage le lasser....

Peut-être même, en admirant ma taille,

Finira-t-il par m'embrasser?

(*Au Virtuose, à part.*)

Pour vous, en m'attendant, *Signor*, soyez bien sage;

Que, si du Vaudeville, il vous vient un acteur,

Par votre aménité, captez-moi son suffrage;

Et si c'est une actrice, ayez l'art séducteur

De lui faire au moins bon visage.

(*Elle sort.*)

SCÈNE II.

Les Précédents, excepté L'ARIETTE de bravoure.

LE GEOLIER, *au Drame.*

MAITRE, qu'avez-vous à gémir?

N'ai-je donc plus de droits à votre confidence?

LE DRAME.

Hélas! je voudrais, plus j'y pense,

Le voir, ce Vaudeville à son dernier soupir,

» Moi seul en être cause, et mourir de plaisir. »

LE GEOLIER, *montrant le Panthéon.*

Sa salle est en effet un temple à la folie,

Dont la coupe, en dedans, est peut-être jolie!

LE DRAME *soupirant.*

Sombre et cher intendant de mes menus plaisirs !
N'en peut-on construire une à la mélancolie,
Qui la masque, sur l'heure, au gré de mes desirs ?

LE GEOLIER, *après un peu de réflexion.*

Elle est là, votre salle, et j'en vois le théâtre.

LE DRAME.

Des murs de marbre noir ?...

LE GEOLIER,

Des colonnes d'albâtre...

LE DRAME.

Des baignoires de bronze, en forme de tombeaux ?

LE GEOLIER.

Point de rampe en quinquet, mais de pâles flambeaux,
Dont la fumée épaisse en tourbillons bien sombres,
Fasse prendre au public les acteurs pour des ombres !

LE DRAME.

Un manteau d'Arlequin...

LE GEOLIER *l'interrompant.*

Aurait le plus grand tort !

LE DRAME.

Des retroussis tout blancs ?...

LE GEOLIER.

Des spectres pour support !

LE DRAME.

Des pleurs d'argent par-tout ?... pour légende à demeure,
Ces mots : mourir n'est rien, c'est notre dernière heure,

LE GEOLIER.

Pour glacer les esprits en tenant les pieds froids,
Sur un parquet en plomb des selettes en bois :
Chaque coulisse en arc, comme aux cloîtres, moulée :
Un rideau d'avant-scène où près d'un mausolée,

Young au clair de lune, en méditation,
Invite l'univers à la consomption:
Point de lustre en cristaux; du ceintre de la salle,
Doit descendre une lampe antique. sépulcrale,
Dont le reflet bleuâtre, avec art ménagé,
Prête au spectateur blême un visage allongé.

LE DRAME *gaiement.*

En décorations, sois sur-tout bien fertile;
Point de place publique, à moins d'hôtel-de-ville:
Point de chambre rustique, encor moins de hameaux:
Point de côteau riant, de prés, ni de ruisseaux:
Des landes, des marais, de jolis cimetières,
Des étangs et des lacs, des rocs et des glacières!

LE GEOLIER *avec la même joie.*

D'ailleurs force cachots, mais jamais de maisons;
Des prisons, des prisons et toujours des prisons!(1)

LE DRAME.

Tu devines le reste. On y jouera que crimes!
Que supplices! que vols! qu'assassinats sublimes!
Depuis la mort d'Abel, assommé par Caïn,
Jusqu'au néant forcé de tout le genre humain;
Et des *bravo* trop doux, abandonnant l'usage,
On grincera des dents! on heurlera de rage!

LE GEOLIER, *lui serrant les mains de plaisir.*

Ah! maître! que n'en suis-je à nos fondations!

LE DRAME.

Va, va, pour protéger nos opérations,
Je cours chercher ma garde et ces soldats gothiques,
Qui sont à point nommé nos dénouemens tragiques.

---

(1) Excepté le Déserteur, Richard cœur de lion, Nina,
Aucassin et Paul et Virginie, pièces sentimentales, d'un intérêt
doux, entremêlées d'aileurs, de contrastes gais; qu'a-t-on vu de
supportable dans ce genre devenu de mode? Le Vaudeville, qui
n'est point flatteur, a toujours dit à la cour, la vérité, au moins
à Noël, une fois l'an. Il dira de même aux Français, que des bour-
reaux et des têtes de mort sur la scène, ne méritent que leur
indignation.

SCÈNE III.

LE GEOLIER, LE VIRTUOSE, PIERROT,
ARLEQUIN et NICODÈME.

ARLEQUIN, *cherchant le Panthéon de
la rue de Chartres.*

OH, pour le coup, j'en suis bien sûr....
Ce doit être par-là le Panthéon terrestre !

LE VIRTUOSE.

Messieurs, vous en voyez le mur....

NICODÈME.

Tant mieux, car je conviens qu'il me paraissait dur
D'être dans un ballon d'puis long-tems en séquestre.

PIERROT.

L'air de là-haut me semblait assez pur,
Mais j'aime autant redevenir pédestre.

LE VIRTUOSE.

Vous êtes donc ?....

ARLEQUIN.

Nous sommes justement
Les plus pressés de la bande joyeuse,
Qui va venir dans le moment,
Prendre possession de cette enceinte heureuse.
Le Vaudeville, notre chef....
Il ne viendra qu'après les autres;
Nous marchons en avant, nous, comme ses apôtres,
Mais lui, sur les remparts, va, vient, court derechef
jusque sur le pont-neuf, afin d'avoir en bref
De petits airs nouveaux pour ajouter aux nôtres.

F 4

LE VIRTUOSE.

Vos airs, fi donc! des pont-neuf! quelle horreur!
Ce nom déchire au vif, l'oreille d'un chanteur.

AIR italien: *En jupon court, en blanc corset.*

Lorque vous m'entendrez, j'espère
Qu'a mon exemple, *sonica*,
A Naples, vous irez vous faire
Dilettanti de musica.

NICODÈME.

Que dit donc, ce monsieur?

ARLEQUIN.

En langue italienne
Monsieur dit que là-bas, tout-à-coup dégagés
De notre chant vulgaire et de nos préjugés,
Nous pourrions devenir, en moins d'une semaine,
De la grande musique amateurs obligés.

LE VIRTUOSE.

La méthode à Naples, est unique;
Les choses s'arrangent si bien,
Que pour mieux aimer la musique,
On vous engage à n'aimer rien.

ARLEQUIN.

Quoi! le macaroni...

LE VIRTUOSE.

Vous serait inutile
Absolument, pour engraisser.

NICODÈME.

Quoi! d'aimer ma Nicole y faudrait donc m'passer?

PIERROT.

Loin d'Colombine, moi, me voir à plus d'un mille?

LE VIRTUOSE.

Vous ne trouveriez plus le moment d'y penser.

ALEQUIN, NICODÈME, PIERROT.	LE VIRTUOSE.
Peste soit de cette manière,	*Me misero !* je désespère,
Ne comptez pas sur nous à c'prix-là,	De convertir ces messieurs-là,
Vous pouvez tous aller vous faire	Je comptais bien pourtant les faire
Dilettanti de musica.	*Dilettanti de musica.*

PIERROT.

Allons, allons chez nous, préparer les logis.

NICODÈME.

Oui, cela vaudra mieux.

LE GEOLIER, *qu'ils n'avaient point encore vu.*

Alte-là, mes amis,

ARLEQUIN, *à part.*

J'entends, c'est le concierge, il tient la clef des loges,
De l'orchestre et du paradis.
Je m'étonne pourtant qu'il ait de tels habits,
Et qu'il nous parle ici comme à des allobroges.

PIERROT.

AIR: *Il n'est pas de bonne fête, sans lendemain.*

Peut-être il faut s'y prendre
D'une certaine façon,
Croyez qu'il va m'entendre!

(*Il tape sur l'épaule du Geolier.*)

Etes-vous gai, mon garçon?

LE GEOLIER *lui laissant tomber ses clefs sur les pieds.*

Si je suis gai?... Que t'importe?
Point de mauvaise raison,
Je suis gai, comme la porte
D'une prison.

ARLEQUIN.

Monsieur, chacun a son système ;
Mais vous pourriez, sans doute, avoir le ton plus doux.

LE GEOLIER.

Je suis votre valet.

NICODÈME, *avec un courage supposé.*

C'est pour c'te raison même
Qu'tes fait pour nous ouvrir; moi j'veux entrer chez nous.

LE GEOLIER

Quels sont vos titres?

ARLEQUIN.

Quoi?

FIERROT.

Comment.

LE GEOLIER.

Qu'apportez-vous ?
Un mobilier d'une valeur extrême ?

NICODÈME.

AIR : *de la Forêt noire* (de M. d'Aleyrac.)

J'apportons ici des tableaux
Pris dans l'fond d'nos villages,
Des moulins, des sacs, des bateaux,
Des oiseaux et des cages,
Un bon meûnier,
Un jardinier,
En riant d'bon cœur
Fait d'ces riens un tout flatteur.

LE GEOLIER *lui coupant la parole.*

Qui pourtant vous pouvez, oui vous pouvez m'en croire,
Ne vaut pas, ne vaut pas une pièce noire.

Etes-vous des voleurs adroits?

ARLEQUIN, *après un instant d'effroi.*
Parfois à la cuisine.

NICODÈME et PIERROT *se regardant avec surprise.*
J'nous jamais pris dans l'fond des bois,
Qu'des baisers, j'imagine.

LE GEOLIER, *cherchant à les initier.*
Un vrai voleur
Du spectateur,
Fait saigner l'cœur.

ARLEQUIN.
Geolier, vos yeux, ils me font peur.

LE GEOLIER.
Morbleu, parbleu, sanbleu, pour toucher l'auditoire,
Poignardez les passants dans la forêt noire.

ARLEQUIN, *voyant de loin venir tous ses camarades.*
Attends, et tu vas voir beau jeu.

LE GEOLIER, *sonnant la cloche qu'il avait posée à terre.*
Sonnons vite le Drame,

PIERROT et NICODÈME, *au Virtuose.*
Nous vous ferons danser sous peu,

LE VIRTUOSE, *sonnant de la trompette.*
Sonnons vite madame.

ARLEQUIN, *bravement.*
De ce tocsin
Sur Arlequin,
Le bruit est vain.

LE VIRTUOSE.	PIERROT, ARLEQUIN et NICODÈME.	LE GEOLIER.
rec un orchestre divin,	Le meilleur des deux n'en vaut rien,	Tremblez, mon maitre est en chemin,
Madame va soudain		
ur vous forcer d'y croire,	Pour de bonnes raisons	Il vous reste un parti, si
riompher dans toute sa gloire.	gardons-nous de le croire	vous voulez m'en croire,
	Et d'entrer, et d'entrer	C'est d'entrer, c'est d'en-
	dans sa troupe noire.	trer dans la troupe noire.

SCÈNE IV.

Les Précédens, L'ARIETTE de bravoure entre par le fond du Théâtre, à gauche, suivie de Timballiers, Cimballiers, Trompettes etc. Le DRAME entre à droite, suivi de Gardes Grecs et Romains, qui portent des haches, des massues, des chaines et des coupes de poison. La troupe du VAUDEVILLE, entre à gauche, sur le devant de la Scène; et au bruit d'une marche variée, les Soldats du DRAME font la haie en face du *Panthéon.* Le corps de musique s'aligne devant les soldats; la troupe du VAUDEVILLE reste en place.

ARLEQUIN, *à la troupe du Vaudeville.*

Vous ne soupçonniez pas un pareil bacanal;
Ici, comme là-haut, on nous barre l'entrée!
Sangodimi! je crois la troupe aventurée,
Si nous n'avons bientôt le petit général.

LE DRAME.

A main armée, on pourra les réduire.

L'ARIETTE.

Récitatif.

Moi, je ne leur veux point de mal,
Mais, par mon ascendant, je prétends les séduire.

AIR : *de M. Chardini.*

Vous qui de tous les sens tenterez l'escalade,
Pour atteindre aux lauriers qui par moi sont offerts,
Songez que votre voix de roulade en roulade,
Doit mon-e,e,er jusqu'au cieux, pour descendre aux enfers.

CHŒUR *de Paysans étonnés.*

Jamais, jamais nos voix de roulade en roulade,
Ne monteront aux cieux pour descendre aux enfers.

L'ARIETTE.

Voulez-vous qu'en musique une tempête flatte ?
Faites du haut des monts rouler un noir torrent,
Je ne permets jamais que le tonnerre éclatte
Avant d'avoir en l'air roulééééé suffisamment.

CHŒUR.

Est-ce qu'il doit rouler un quart-d'heure durant ?

L'ARIETTE.

Ici le feu du ciel doit tomber sur les gran,an,an,an,anges.

CHŒUR.

Ah ! suspendez ces roulades étranges,
Qui défigurent trop un tableau déchirant.

LE DRAME, *indigné de la remarque.*

Le morceau promettait,

L'ARIETTE.

Il eut tenu vraiment.

Vous auriez entendu des victimes souffrantes,
Rappellant à propos leurs voix sans leurs esprits,
Plaire comme le cigne, aux oreilles savantes,
Et rouler avec art, jusqu'à leurs derniers cris ;
Mais voulez-vous du gai, je puis vous satisfaire ?

LE DRAME.

Ciel ! ils vont être gais ; soldats, vite, en arrière.

LE VIRTUOSE *tirant l'Ariette à part.*

Puisque ces grands morceaux ne sont pas de leur goût,
Empruntez les accents de leur style champêtre,
Cet hameçon fleuri n'en sera que plus traître....
Ils goberont l'air tendre .... et la roulade au bout.

L'ARIETTE *approuvant le Virtuose.*

AIR *Pastoral de M. Chardini.*

Lorsque la douce aurore, aura fait en riant,
Rouler son char vermeil jusque sur ses retraites ;
Ruisseaux, sur le gazon, roulez en murmurant,
Promenez-y le bruit des sources indiscrettes ;

Et vous, galants Colins, vous, sensibles Colettes,
Provoquez les échos par un défi brillant;
Emules des Pinçons, rivales des Fauvettes,
Faites à perdre halé,é,é,eine un rama,a,a,age roulant.

CHŒUR, *essayant burlesquement les mêmes roulades.*

Faisons à perdre halé,é,é,ine un rama,a,a,age roulant.

SCÈNE V.

Les Précédents, LE VAUDEVILLE, *furieux
devoir le Drame et l'Ariette.*

AIR: *Ah! grands dieux que je l'échappe belle.*

AH! grands dieux que je l'échappe belle!
Mes deux ennemis d'accord pour me chercher querelle!

A sa troupe.

Pour vous, cette musique est mortelle,

A l'Ariette, d'un ton froid, mais poli.

Madame, au concert,

Au Drome, d'un plus dur.

Et toi, dans le fond d'un désert.

L'ARIETTE et le VIRTUOSE.

AIR: *la Signora est malade.*

Monsieur, demeurez tranquille:

LE VAUDEVILLE.

Ah! nenni, je suis turbulent. (1)

L'ARIETTE et le VIRTUOSE.

Allez, bonhomme Vaudeville. (2)

LE VAUDEVILLE.

Bon homme est d'honneur excellent:
Bon homme! moi, pas si bon vraiment.   *Bis.*

(1 et 2) Ce compliment a été fait au Vaudeville, à l'ouverture
de la salle nouvelle des Italiens, à qui pourtant il avait fourni,
rue Mauconseil, quelques bonnes raisons.

Je suis ce Vaudeville,
Leste aux champs comme à la ville,
Ce Vaudeville enfant,
Dont *Boileau* parle tant,
» Agréable, indiscret, qui conduit par le chant,
Vole de bouche en bouche, et s'accroit en marchant. »

Vous avez cru voir un vieux drille,
Qui fredonnait cahin, caha,
Toujours courbé sur la béquille
Du fameux père Barnaba;
Et non, non, ce n'est plus cela,
Je suis ce Vaudeville, etc.

A sa troupe.

Si pourtant vous aimez le Drame,
Ou la musique à grands fracas,
Suivez tous, monsieur et madame
Qui vous ouvrent leurs grands bras.

CHŒUR.

Et non, non, ne le craignez pas;
Et non, non, nous ne voulons pas,
Quitter ce Vaudeville, etc.

L'ARIETTE et LE VIRTUOSE.

Récitatif obligé.

C'est à tort qu'en ces lieux votre maitre s'irrite,
Nous n'avons jamais dit qu'il manquât de gaieté;
Dans ce genre éphémère il a certain mérite;
Mais peint-il comme nous la sensibilité?

BABET.

AIR : *Quand le bien aimé reviendra.*

L'AIR du bien aimé prévaudra
Par sa touchante mélodie,
Sur vos grands morceaux d'opéra,
La musique en est bien fleurie;
Mais, mais j'écoute; hélas, hélas!
Tous vos grands airs ne chantent pas. (1)

---

[1] Les Grétri, les Monsigni, les Philidor, les Dezaydes, les Dalayrac, les Gluk, etc. etc. ont fait des *airs, romances et vaudevilles qui volent de bouche en bouche.* L'un d'eux a dit: on fait de la mélodie quand on peut, et de l'harmonie quand on veut. Ce mot décide tous les procès de l'Ariette et du Vaudeville.

LE VIRTUOSE *piqué contre Babet.*

La Signora Vilanella
N'est pas de nos accens, *per amore pazza !*

BABET.

Même air.

Cet air là se redit cent fois,
Il attendrit, mais sans tristesse;
Il est de la ville et des bois,
Chacun, auprès de sa maitresse,
Se le rapelle:

TOUS LES AMOUREUX.

Se le rapelle! hélas, hélas,
Vos airs ne se retiennent pas.

COLIN *à l'Ariette.*

AIR: *Non, non je ne serai pas trompeuse.*

Non, non, je ne serai pas docile
A vos principes de chant.
Non, non la gaîté du Vaudeville
N'exclut pas le sentiment;

A l'expression fidèle,
Près de Babet, je prétends,
Commencer sans ritournelle,
Pour ne pas perdre de tems.
     Non, etc.

Nos regards qui se confondent,
Font notre accompagnement
Et nos mains qui se répondent,
En marquent le mouvement.
     Non, non, etc.

Comme on chante quand on aime,
On peut aimer en chantant;
Ton récitatif suprême,
Vaut-il ce rondeau touchant?
     Non, non, etc.

L'ARIETTE

L'ARIETTE et LE VIRTUOSE.
Récitatif.

Ah, puisqu'à nos raisons ils ne se rendent pas,
Tenons, là-bas, conseil avec le Drame;
Et pour confondre enfin leur trop joyeuse trame,
Ne leur opposons plus que du fer, des soldats.

LE VAUDEVILLE *se mocquant d'eux.*

AIR: *Je n'saurais danser.*

J'n'en saurais pleurer,
Il faut toujours que je chante
Au lieu de pleurer,
Chez nous il s'agit d'entrer;
Il faut m'assurer
Si ma troupe est suffisante,
Pour y pénétrer,
Défilons sans murmurer.

} *Bis en chœur.*

(*On exécute une Marche de M. Chardini, sur l'air de laquelle la troupe du Vaudeville défile, ayant Arlequin en tête.*)

ARLEQUIN *par réflexion, bas au Vaudeville.*

Maître, nous pourrions bien être victorieux,
Mais moi, vers la douceur, je sens que mon cœur panche;
On sait que la vengeance est le plaisir des dieux.
Momus, la Nuit, l'Amour!... ils sont dans notre manche?
C'est le cas, ou jamais, qu'une prière franche
Les fasse incognito venir du haut des cieux.

LE VAUDEVILLE *à part.*

AIR: *Allons à la Guinguette.*

Bien vu. *Bis.*
De sens, ce lourdaut est pourvu.

(*Levant les mains au ciel.*)

AIR: *On rit, on jase.*

Venez, dans ces retraites,
Changer, dieux protecteurs,

G

Ces piques, en houlettes,
Ces crêpes, en faveurs ;
Ces hâches, en serpettes,
Ces fers, en nœuds de fleurs.

LES DEUX SAVOYARDS.

Que des vielles égalos
Par leur bourdon malin,
Couvrent de ces cimbalos,
Le son trop assassin ;
Changez-nous, ces timbalos,
En galant tambourin.

Le Père LA JOYE et MARGOT.

Venez, changer à vue,
L'z'attributs de c'pleurard ;
En fuseau, sa massue,
En forêt, son poignard,
Sa coupe de ciguë,
En flacon de pomard.

Deux VILLAGEOISES.

Gardons leurs clarinettes,
Pour mêler à nos voix ;
Mais changez ces trompettes,
En pipaux villageois,
Ces lyres, en musettes ;
Ces clairons, en hautbois.

LÉANDRE et ISABELLE.

Calmez, par des sourdines,
Leurs trombons indiscrets,
Guittares argentines,
Galoubets, flageolets,
Flûtes et mandolines,
En auront plus d'attraits.

(*Le Drame sonne*).

LE GASCON.

Cadédis ! qué ce Drame est rempli de bravades !
Croit-i! déjà sonner notré trépas ?

ARLEQUIN *impatient.*

Momus, la Nuit, l'Amour! ils ne répondent pas.

DORVAL.

Redoublons de ferveur; suivez-moi, camarades!

Sa cloche monotone,
Qui nous fait enrager,
Tous les trois, en personne,
Venez nous la changer,
En carillon qui ne sonne
Que l'heure du berger.

} *Bis en chœur.*

SCENE VI.

Les Précédents, MOMUS *en Bailli,* LA NUIT
en Charbonnier, et L'AMOUR *en Hermite. Ils
entrent furtivement, et font corps avec le Village.*

ARLEQUIN *ébahi.*

AIR: *Jupiter, etc.*

Eh quoi notre invocation?....

MOMUS, L'AMOUR et LA NUIT.

Nous a mis tous les trois en route;

MOMUS *au Vaudeville.*

Momus-Bailli mettra sans doute
La police dans ce canton.

LA NUIT *au Vaudeville.*

A moi la Nuit, il ne m'en coûte,
Pour cet habit que la façon,

L'AMOUR *bas au Vaudeville, en lui montrant*
l'Ariette et le Drame.

Moi, j'ai pris un capuchon,
Pour qu'ils n'y vissent goûte.

G 2

ARLEQUIN *à Momus, la Nuit et l'Amour.*

Vous qui voyez de là haut tant de choses,
Vous n'êtes pas sans connaître, je crois,
De la noble Ariette et du Drame bourgeois,
Les projets désastreux et les méchantes gloses ;
Il faut ici leur donner sur les doigts.

MOMUS.

Ne voulant que cela, mes amis, cette fois,
De nous faire venir il faut que je vous blâme ;
Car, sans le secours de nous trois,
(1) Les petits Savoyards pouvaient narguer Madame,
(2) Et Nicodème seul eût assommé le Drame.

ARLEQUIN.

Oui, mais nous aimons mieux que vous vous en mêliez,
Pour la grande Ariette, envain elle jabote,
Malgré tous ses grands airs, ses cris multipliés,
Nous pourrons tôt ou tard la voir changer de note (3) ;

---

(1) Par allusion aux deux Savoyards de M. Marsellier, Pièce charmante, dont les airs *volent de bouche en bouche.*

(2) Par allusion à Nicodème dans la Lune, dont le succès prodigieux est dû à la gaîté des couplets que le Cousin Jacques tourne si ingénieusement.

(3) Je veux croire que le système d'harmonie soit un, mais l'application en a toujours tellement varié, que la musique de Lully et de Rameau a passé pour le *nec plus ultrà* de l'art, avant les productions des Gluk et des Piccini, et qu'à présent encore, on veut nous persuader que ces derniers sont effacés par de nouveaux compositeurs Italiens ; mais ce qu'il y a de plus sûr, c'est que le chant est de tous les temps et de tous les pays. On a chanté dans toutes les cours, dans toutes les villes, dans tous les hameaux, et dans le fond des Colonies, l'air mélodieux de *Malbrorg*, celui d'*O ma tendre musette*, et avec les *Jeux dans le Village*, etc. etc.

Mais le Drame en dessous, par un vilain micmac,
Voudrait du Vaudeville attaquer l'existence (1).
Qu'on dise, si l'on veut, qu'Arlequin est un brac,
Nous devons, vous, Momus, prononcer sa sentence,
L'Amour en capuchon, lui prêcher repentance,
    Moi, lui couper le sifflet, crac....
Et l'éternelle Nuit l'emporter dans son sac.

LE VAUDEVILLE.

AIR : *Vaudeville de Figaro.*

Arlequin, le Vaudeville
Blâme ces vœux indiscrets....
Grands Dieux livrez-nous l'asyle,
Que pour nous on fit exprès ;
Quand au Drame qu'on l'exile,
Nous le laisserons en paix,   } *Bis en chœur.*
Se sauver par les marais.

MOMUS, L'AMOUR et LA NUIT.

(*Momus aiguise la batte d'Arlequin avec sa marotte.
L'Amour donne un petit soufflet à Nicodème, pour lui
donner l'esprit de faire des miracles, et la Nuit impose
son sac sur la tête de Pierrot qui est à genoux*).

Pierrot et vous Nicodème,
Venez avec Arlequin,
De notre pouvoir suprême,
Subir un rapport divin.
En théâtre, en l'instant même,   } *Bis en chœur, tandis*
Changeant tous trois ces maisons,   } *qu'Arlequin frappe la*
Finissez par des chansons.   } *terre de sa batte mer-*
                                 } *veilleuse.*

------

(1) La Comédie Italienne, comme on l'a remarqué dans un
journal, n'aurait jamais abandonné le Vaudeville, son fils adoptif,
sans les prétentions jalouses d'une troupe française, secondaire,
qui avait intérêt à jouer des Drames les mardi et vendredi ; prétentions que l'événement a rendues vaines, puisqu'on a fini par la
remercier, vu sa coûteuse inutilité.

SCÈNE VII et dernière.

Le Théâtre change, et représente un site villageois, borné dans le fond par une double colline, au bas de l'une desquelles on apperçoit une église de campagne. Au milieu de la scène s'élève un grand arbre, aux branches duquel est entrelacée une guirlande, propre à suspendre les différens médaillons qui sont entassés sur le socle ; cet arbre est censé représenter l'arbre favori du Vaudeville. Un pié d'estal, où on lit en grands caractères les vers de l'art poétique, imprimés ci-devant au frontispice, paraît tout prêt à recevoir le Vaudeville personnifié. Tous les Acteurs marquent également leur joie et leur surprise à Momus, à l'Amour et à la Nuit, des métamorphoses qui viennent de s'opérer, et de la disparition subite, tant du Drame et de l'Ariette de Bravoure, que de leurs substituts. (1)

Les Précédens, excepté LE DRAME, L'ARIETTE, LE GEOLIER et LE VIRTUOSE.
Le Père LAJOIE.

AIR : *c'est la petite Thérèse.*

C'EST l'arbre du Vaudeville,
Qu'on a cru si souvent mort,
Au milieu de la grand'ville,
V'là que d'terre enfin i'r'ssort !
Entourons l'peur qu'il n's'échappe,
Qu'ses fruits tomb' dans not' jardin,
Et j'n'irons pas mordre à la grappe
Dans la vigne du voisin. (2)

Bis en chœur.

(1) Je suis trop ennemi des personnalités, je le déclare, pour avoir eu aucun théâtre en vue, dans la critique de ces deux genres. Il n'en existe pas où on ne chante que des ariettes de bravoure, et où on ne joue que des Drames, ainsi, point d'application.

(2) Le Théâtre du Vaudeville a cela de particulier, que M. Barré n'aurait point voulu profiter du décret de la liberté des spectacles, s'il avait fallu en poser la première base sur d'autres propriétés que nos ouvrages.

CASSANDRE.

AIR : De M. Chardini.

Cet arbre apporté de Provence,
Par les jongleurs et menestrels,
Fut toujours si vivace en France,
Qu'après des ouragans mortels,
Il renaissait plus fier encore ;
Mais c'était un arbre en plein champ,
Jusqu'au jour qui le vit enclore
Dans le préau de Saint-Laurent.

MOMUS, *montrant du bout de sa marotte le portrait de Panard, qu'il attache ensuite.*

AIR : c'est la petite Thérèze.

Je vins avec la Folie
Sous son ombrage enchanteur,
Et j'y barbouillais de lie
Spectateur, Auteur, Acteur.
Tout le Théâtre en guinguette
Avec Ramponneau buvait,
Et je dictais en gognette
Ce que Panard écrivait.

} *Bis en chœur.*

MARGOT, *montrant différens portraits, et notamment celui de Lesage, quelle attache ensuite.*

AIR : de M. Chardini.

Carolet, Fuselier, Delisle,
L'affichard, Anseaume et Galet,
S'y rendaient souvent à la file ;
Mais quand d'Orneval l'appellait,
Le Sage y lançait des folies,
Dont les éclairs bien plus fréquens,
Mûrissaient les filles jolies,
Et rajeunissaient les mamans,

L'ABBÉ, *montrant les portraits de Collé, de Voisenon et de l'Attaignant.*

AIR : *c'est la petite Thérèze.*

Collé, qui des graces mêmes,
Posséda le goût divin,
Au Père Lajoie.

Mettait-là, comme tu l'aimes,
La vérité dans le vin,
Et souvent avec mystère,
L'Attaignant et Voisenon,
Fermaient ici leur bréviaire,
Pour ouvrir Anacréon.

AGATHE, *montrant le portrait de Piron.*

AIR : *de M. Chardini.*

Piron à la Métromanie,
Y préluda par des couplets,
Et peut-être ce grand génie
Les fit-il trop prononcés? mais,
En faisant refleurir sa Rose (1),
Nous adoucirons sa couleur,
Comme en la tenant moins éclose,
Nous lui rendrons plus de fraicheur.

La Mère SAUMON, *montrant le portrait de Vadé.*

AIR : *c'est la petite Thérèze.*

V'la mon Vadé dont on s'gausse,
Du d'puis qu'on a meilleur ton ;
Faut conv'nir qu'cheuz lui la sausse
F'zait queuq'fois manger l'poisson,
Mais s'il fut d'une langu' triviale
L'dictionnaire universel,
Vantez qu'du carreau de la halle,
Y s'fit un grenier à sel.

_____

(1) La Rose est un Opera-Comique de Piron, qu'on jouera au Théâtre du Vaudeville, avec quelques changemens et airs neufs.

Le Père LAJOIE, *montrant le portrait de M. Favart.*

Et celui-ci, morbleu, qu'en dirons-nous ?....

BABET.

Vraiment,
Je dirai, dieu merci, qu'cet Auteur est parlant.

AIR : *de M. Chardini.*

Annette et Lubin seuls, je gage,
Mettraient tout autre en grand crédit,
Quel esprit avoir en partage,
Après sa Chercheuse d'Esprit ?
S'il fit ouvrage sur ouvrage,
Ses derniers valent ses premiers,
Et l'Auteur du Coq du Village,
Est bien le Coq des Chansonniers.

DORVAL.

Mais pourquoi dans ces lieux, du meilleur des Henris,
Vois-je donc le portrait ?

Le Chevalier DOLBAN.

Pourquoi ? ventre seingris !

AIR : *charmante Gabrielle*

D'un morceau qui rappelle,
Son souvenir bien cher,
Il fit pour Gabrielle
Les paroles et l'air,
Ah ! si quelqu'un t'en blâme,
Roi Troubadour,
Celui-là n'a point d'ame
Ou point d'amour.

} *Bis en chœur.*

LE VAUDEVILLE, *en plaçant le portrait de Henri IV, et restant par suite sur le piédestal.*

Même air.

Par-dessus ta couronne,
Couronné tour à tour,

H

Dè l'aurier par Bellon?,
De myrte par l'Amour;
Puisqu'ici tu t'exposes
A nos regards ,
Tu dois l'être de roses
Au nom des arts. .

LE VAUDEVILLE.

AIR ; de la Boulangère.

Revenons en tous au refrein
Du Satyrique habile,
Qui dit que *le Français malin*
Créa le Vaudeville
Malin.

SAVOYARD et SAVOYARDE;

Quoiqu' j'n'ayons pas l'tact aussi fin
Qu'les musiciens d'la villo,
J'marquons avec son tambourin
Les pas du Vaudevillo
Malin.

CASSANDRE.

Si je ne puis aller plus loin,
Ma béquille docile
Suit une fois qu'elle est en-train,
Le chant du Vaudeville
Malin.

NICODÈME.

Quand la rond' court sur le terrain,
D'un' façon trop subtile,
J'l'attends en place, et j'rejoins
Les rangs du Vaudeville
Malin.

LE GASCON.

Quand un créancier trop matin
Vient m'échauffer la bile,
Jé lé paye avec un refrein
De quelque Vaudeville
Malin.

ARLEQUIN.

Contre le poignard assassin
Que le noir Drame assile,
La simple batte d'Arlequin
Sert d'arme au Vaudeville
Malin.

Le Père LA JOIE.

Moi, c'est la bouteille à la main
Que je lui suis utile,
Ou fourait en pointe de vin
La pointe au Vaudeville
Malin.

L'AMOUR *menant la bande joyeuse sur le côteau.*

Mener moi seul le genre humain,
M'est chose aussi facile,
Que de mener ici l'essain
Fidèle au Vaudeville
Malin.

NICOLE.

J'ons un pressentiment certain,
C'que c'est qu'd'être subtile !
Qu'on n'engendre point d'chagrin
Avec le Vaudeville
Malin.

COLIN.

Il me faut un baiser, ou tien !
Babet, c'est inutile,
Mon bras laisse échapper le tien,
Adieu le Vaudeville
Malin.

BABET.

Sans vous les reprocher, Colin,
En voilà plus de mille,
Dont le bruit se perd en chemin,
Dans l'air du Vaudeville
Malin.

LES ENFANS *que Morin repousse.*
Vraiment, monsieur Michel Morin,
Faites moins votre Gille;
Car nous saurons grandir, afin
D'atteindre au Vaudeville
Malin.

LA NUIT.
Quand mon crêpe noir couvre en plein,
La nature immobile;
Pour être gris dès le matin,
Rêvez au Vaudeville
Malin.

LA FLEUR, *effrayé de revoir le Drame.*
Je lui croyais un souterrein,
Pour dernier domicile!...
D'auteur de l'église il revient!...
Sauvez le Vaudeville
Malin.

(*L'Ariette reparaît une harpe en main, et le
Drame avec son poignard*).

MOMUS *les pétrifiant avec samarotte.*
Quoi! vous osez d'un front d'airain,
Rentrer dans cet asyle?
Faites tableau dans le lointain,
De par le Vaudeville
Malin.

PIERROT, *voulant faire aussi un miracle.*
Ah! s'il pouvait tomber soudain,
Du ciel un peintre habile,
Comme il ferait un beau dessein
Des jeux du Vaudeville
Malin!

(*A peine Pierrot a-t-il proféré ce vœu, que le
rideau de manœuvre tombe, représentant la scène,
et tous les Acteurs, dans les différentes attitudes
où ils sont demeurés groupés.*)

Fin du troisième et dernier Acte.

www.ingramcontent.com/pod-product-compliance
Lightning Source LLC
Chambersburg PA
CBHW060620100426

42744CB00008B/1453